国家社会科学基金项目“我国体育赛事监管体系研究”（19BTY018）

体育赛事管理理论与实践

温　阳　著

北京体育大学出版社

策划编辑：李志诚
责任编辑：李志诚
责任校对：仝杨杨
版式设计：谭德毅

图书在版编目（CIP）数据

体育赛事管理理论与实践 / 温阳著. -- 北京 : 北京体育大学出版社, 2021.12（2025.6重印）
ISBN 978-7-5644-3534-9

Ⅰ. ①体… Ⅱ. ①温… Ⅲ. ①运动竞赛－组织管理 Ⅳ. ①G808.22

中国版本图书馆CIP数据核字（2021）第270141号

体育赛事管理理论与实践
TIYU SAISHI GUANLI LILUN YU SHIJIAN
温 阳 著

出版发行：北京体育大学出版社
地　　址：北京市海淀区农大南路1号院2号楼2层办公B-212
邮　　编：100084
网　　址：http: //cbs.bsu.edu.cn
发 行 部：010-62989320
邮 购 部：北京体育大学出版社读者服务部 010-62989432
印　　刷：三河市龙大印装有限公司
开　　本：787mm × 1092mm　1/16
成品尺寸：185mm × 260mm
印　　张：8.75
字　　数：210千字
版　　次：2021年12月第1版
印　　次：2025年6月第3次印刷
定　　价：58.00元

前　言

体育赛事是人类社会发展到一定阶段的产物，是人类物质文化生活进步的标志。自20世纪以来，在国际奥林匹克运动的推动下，国际国内体育赛事规模日益扩大，赛事日益频繁，运动技术水平大幅度提高，体育赛事的多元功能日益显现。体育赛事发展至今，已经远远超出了体育赛事本身的固有范畴。依托于体育赛事的商业发展如火如荼，电视转播权、标识使用权、企业赞助和门票销售所带来的经济效益十分巨大。可以说，在市场经济体制下，体育赛事已经成为承载商业运营、创造经济效益的重要载体。当前，世界各国都十分重视体育赛事活动的开展，把举办体育赛事作为一项重要工作，各国关于承办大型国际比赛的竞争愈演愈烈。近些年来， 随着我国经济的不断发展，物质生活水平的不断提高，体育赛事已经成为我国政府、社会和企业关注的热点，尤其是奥运会、青奥会、亚运会等世界顶级体育赛事在中国的举办，吸引了世界各国人民的眼球。

体育赛事作为有目标的特殊事件，需要人参与和组织。为了有效地取得赛事的各种效益，必然有组织管理行为发生。组织管理在体育赛事运作中起到关键作用。因此，一项体育赛事能否取得成功，赛事管理水平是关键，我们对体育赛事管理理论与实践进行分析研究就十分有必要。

本书首先介绍了体育赛事的背景、历史、发展的现状和趋势、定义、分类、特性，让读者对体育赛事有准确的认识；然后有条理性地分析了体育赛事的赛前评估、选择、申办、计划，让读者能够对体育赛事的承办流程有清晰的认识；紧接着分析了体育赛事的竞赛管理、场馆运行管理、营销管理、人力资源管理、风险管理等相关内容；最后介绍了体育赛事的收尾与评估。

本书在编写过程中，汲取了许多有关体育赛事管理理论与实践方面的最新信息，借鉴和参考了国内外许多专家学者的最新研究成果，在此一并表示感谢。由于笔者水平有限，错误与不当之处在所难免，恳请广大读者在使用中多提宝贵意见，以便笔者对本书进行修改和完善。

目　录

第一章 绪 论

第一节 体育赛事的背景

以体育赛事为依托，以促进经济和社会发展、拉动消费和开拓新的经济增长点为主要目标的体育产业，近年成为我国体育战略发展的热点。随着我国经济的不断发展、物质生活的不断提高，人们在物质需求基本得到满足之后，开始更加重视精神类物品的生产；同时随着城市规模的不断扩大，体育赛事对城市发展的作用逐步凸显，体育赛事以其蕴含的社会效益和经济效益而受到青睐。

一、城市品牌营销时代来临

随着经济的全球化与技术变革的加速，城市化进程不断加快，城市发展经历了从城市建设阶段到城市管理阶段，到现在的城市品牌经营阶段。经过激烈的竞争后，各个城市的各类资源也逐渐形成稳定状态，不再有明显的上升空间，城市管理者纷纷投身于提升城市吸引力、城市品牌形象和综合竞争力的工作中，以便为城市吸引人才，争取投资、贸易等外部资源，实现城市的可持续发展。

城市像企业一样，作为一个特殊的产品为了扩大自身的影响范围和影响力，结合自身优势，采用各类营销手段和传播方式包装展示。当今时代，媒体的发展也发生着日新月异的变化，新旧媒体的大融合趋势也为城市名片的宣传提供了新的思路。所以，城市管理者可以利用多样化的宣传手段，最大限度地将城市形象展现在公众面前。

（一）传统媒体

（1）电视。电视最突出的优势就是形声兼备、生动形象、受众广泛，因此选择电视做城市形象广告的较多。例如，“南京欢迎您”“中国昆明欢迎您”“全国文明城市惠州欢迎您”等在电视上出现的宣传语，都是利用电视媒体来进行城市品牌营销的。

（2）报纸。根据报纸本身的影响力及涵盖目标受众进行城市旅游形象的广告宣传，如采用城市的日报或晚报等当地一些影响力较大的报纸。

（3）户外广告。户外广告既是城市视觉形象的组成部分，也是开展城市形象宣传的重要媒体。

（二）新兴媒体

互联网作为发展最为迅猛的新兴媒体，具有较强的互动性、趣味性与亲和力，传播时不受时空的限制，人们可随时进入，发布的信息还可以及时更正、完善，且互联网的受众群体大都是城市形象宣传的主要对象。

二、体育赛事与城市品牌营销

利用大型活动组织开展一些有较大影响力的经济、文化等公关活动来开展城市营销与品牌传播，进而提高公众对城市的认知度、认同度，提高城市的知名度与美誉度，极大地提升了城市形象。体育赛事作为一种传播力强、易亲近、易通过“运动迷”建立忠诚度的特殊媒介，具有非常理想的对城市进行品牌营销的功能。利用体育赛事进行城市品牌营销也是经济全球化发展的必然结果，而城市品牌是城市营销的全部内容，因此提升城市品牌形象是做好城市营销的重中之重。澳大利亚的墨尔本和美国的亚特兰大也都通过大型体育赛事扩大了城市影响力，在国际上建立了高知名度和美誉度。

（一）上海网球大师杯赛

2002 年 11 月在上海举办的网球大师杯赛，参赛选手是当年网球积分排名前几位的选手，他们身着唐装亮相上海外滩。粉丝们习惯了这些体育明星穿西装、穿运动服，看到他们穿上唐装就觉得特别新奇。他们穿着唐装的照片一经刊登，引起了世界的轰动，各大媒体纷纷转载，读者看到中国服饰传统文化的同时也记住了中国上海。大赛获得很好的宣传效果，共有 150 多个国家和地区的 426 个电视台转播，总计转播时间近 900 小时，近 7 000 万观众收看。世博会被誉为世界经济、科技、文化的“奥林匹克”盛会，举办权的竞争激烈。上海通过在 2010 年世博会的表决前 1 个月举办网球大师杯赛，树立上海城市形象，宣传中国上海，为上海申办世博会成功拉票。

（二）世界一级方程式锦标赛上海站

2002 年，上海久事公司用 11.62 亿元申办费与国际汽车联合会（简称国际汽联，FIA）签下 7 年合约，中国迎来世界上最昂贵的赛事——世界一级方程式锦标赛（F1）。上海国际赛车场从 2004 年开始举办 F1 上海站比赛。

上海 F1 赛道第一期建设费用为 26.45 亿元，加上周边公路、轻轨等全部配套设施的建设，工程总投资为 51 亿元。每年养护费用为 6 000 万 ~7 000 万元。2009 年，记者提问上海久事国际赛事管理有限公司总经理姜澜，上海 F1 赛事每年亏 2 亿元，为什么还在坚持？姜澜指出，F1 作为典型的高端消费文化，可以推动上海城市消费，促进嘉定区汽车经济的发展，有数据显示，每年为期 4 天的 F1 比赛带来的城市经济效益为 25 亿元；F1 与世界杯、奥运会并称为“世界三大体育赛事”，但 F1 与后两者不同，它的受众面有相当的档次，而这对于营造上海的国际大都市形象显然是一条捷径；F1 能在较短时间内提升城市知名度，2004 年 F1 上海站现场观众为 25 万人，约有 3.66 亿电视观众，200 多个国家和地区的 7 万多家电视台进行了直播或转播。有数据表明，从 2004 年 9 月 20 日至 29 日期间，境外媒体一共发布了 2 400 余篇关于 F1 的稿件，这样的报道密度在中国从未出现过。

第二节 体育赛事的历史

一、体育赛事的起源

（一）体育赛事起源于生产劳动

在人类社会发展早期，生存环境十分恶劣，生产力发展的落后迫使人类一切活动都必须以满足人类基本生存为最终目的。因此，在早期人类实践活动中，劳动就成为这一时期最主要甚至是唯一的活动形式。于是，以传授生产、生活技能经验为主要目的的早期体育活动在直接的生产劳动中孕育而生。同时，在劳动过程中，为了争夺最有利的生存条件，包括生存环境、劳动成果、社会地位等，竞争与对抗就成了早期人类在恶劣的自然环境下生存和发展的必要手段。正是这种竞争与对抗意识的出现，为体育赛事的产生奠定了思想基础。

（二）体育赛事起源于仪式活动

体育赛事起源于成人礼。民族人类学家研究发现，在人类赛事的形成和发展过程中，成人礼作为以竞赛为主要手段的教育组织活动形式对体育赛事的形成和发展产生了重要影响。成人礼一个重要的环节或内容就是有选择地将青年平时的“游戏活动”整合起来，让所有参加成人仪式的青年共同参与“游戏”，以检验其体能与技能。有学者认为，体育游戏经过许多社会仪式化活动的整合，而形成了满足不同社会需求的“祭礼赛会”。

体育赛事起源于祭祀活动。古希腊人信奉多神教，每逢重大的祭祀节日，各城邦都举行盛大的宗教集会，需要举办大型活动来表达对诸神的敬意，体育赛事也就孕育而生。某些体育赛事最初也只是祭神的一种仪式，如赛跑是为纪念赫拉克里斯开创的；摔跤是为赫耳墨斯举办的；马车赛、马赛与波塞冬有关；持火炬赛跑原先是祭祀场合中传递圣火的一种仪式，其目的是“求神的嘉惠”。由于“神明都喜爱竞技”，从广义上讲，所有的竞技都是为了争取神的宠爱而进行的活动。古希腊最著名的“四大赛会”也是为祭祀神灵而举办的竞技会：四年一届的古代奥运会是祭祀宙斯的，四年一届的帕提亚运动会是祭祀阿波罗的，两年一届的地峡运动会和尼米亚运动会都是为祭祀波塞冬和宙斯而举办的。体育比赛的赛程时间安排也体现了宗教神性：赛前一个月所有运动员必须前往伊利斯去进行集中训练，并以宙斯的名义宣誓遵守竞赛规则；赛前两天，运动员动身前往奥林匹亚圣地，出发时还要祭祀，发誓愿意为神效劳；比赛前一刻，运动员身上还要洒些猪血，用圣水洗净，才进入赛场。五天赛事日程的安排，也以娱神为主要目的，第一天、第三天、第五天大都是祭祀活动。比赛时间一般选择在满月的日子，表达对神的敬仰之情。

（三）体育赛事起源于城邦战争

公元前 9—8 世纪，希腊共和国氏族社会逐步瓦解，建立了 200 多个城邦，城邦各自为政，无统一君主，城邦之间战争不断。战争需要士兵，士兵需要强壮身体，而体育是培养能征善战士兵的有力手段。城邦制度给古代奥运会提供了活动的“场所”与“空间”，战争促进了体育赛事的产生，体育赛事也带有明显的军事烙印。当然人民厌恶了连续不断的城邦战争，都渴望能有一个赖以休养生息的和平环境。而古代奥运会比赛期间以神的名义进行休战，以此表达古希腊人民希望摆脱连年不断的城邦战争和渴望和平的美好愿望。体育赛事在战争的需求下产生，又在人们希望减少战争、摆脱灾难、渴求和平的期望中得到延续和发展。

希腊城邦的军事化教育制度推动了古代奥运会的发展。在诸城邦中，斯巴达以其严酷纪律、独裁统治和军国主义而闻名。斯巴达婴儿出生即受国家长老的检视，凡身体羸弱、患病成畸形的，便从泰格特斯山抛入深谷，留下来的要让他们锻炼出强壮的体格。斯巴达儿童 7 岁便离开家庭，接受国家安排的教育，与同龄孩子在一起生活训练，20 岁成年后开始过集体的军营生活，10 年正规军事训练后，一直服兵役到 60 岁。斯巴达的体育教育尽管非常残酷，但的确增强了斯巴达人的体魄，提高了斯巴达人的战斗力，同时也为斯巴达在古代奥运会史上创下了辉煌战绩。从公元前 720 年到公元前 576 年的一个半世纪，斯巴达人在古代奥运会史上共取得了 81 项比赛中的 40 项优胜。

二、体育赛事的发展

（一）体育赛事独立发展

随着人类社会的进步，尤其是生产力的发展，原先依附在其他社会活动中的体育赛事缓慢地从劳动过程、战斗过程和仪式活动中分离出来。例如，射箭、划船、跑、跳、投掷、举负重物等项目，虽然同劳动动作还有着外观形态方面的联系，甚至有的本身就是一些劳动项目或内容，但已完全变得抽象，逐渐从劳动过程或战斗过程中分离，仅作为一种培养身体素质的综合性手段而存在。同时，在竞技活动中，由于比赛的需要，由人所设计的动作内容和活动形式也更加丰富。由于竞技活动的竞争形式具有极大的娱乐性，竞技活动不断增加娱乐性质的内容，从而使竞技活动逐渐摆脱对现实生产或战争的模仿，走向相对独立的发展道路。

“赛会”不是一般的游戏活动，而是“组织化的游戏”。由游戏到赛会，是社会整合的结果。人类主要通过早期的原始仪式活动，使游戏发展为赛会。赛会的出现，标志着原始形态的体育的完善和赛事的形成。尽管这一时期的体育与今天的体育还存在较大的差距，但现代体育的一般形式都可以从中找到自己的影子。在原始社会中，以各种各样的赛会为标志，人类竞赛活动从原始、朴素、蒙昧的发展状态逐步走上了较为正式的发展轨道。随着体育自身发展程度的提高，竞赛活动也得到了极大的发展。在早期文明发源地，先后出现了较为正式的体育竞赛，其中典型代表为古希腊体育竞赛、古罗马体育竞赛和中世纪体育竞赛。

（二）体育赛事增加运动项目

为表现人们的勇敢、强壮和健美，体现人们崇高的理想和追求，体育赛事项目逐步增加。表 1–1 为古代奥运会逐届增加的项目时间表，其中年代指的是首次设立这个项目的时间。最初的比赛项目都是围绕跑步开展的，从长度为 192.27 米的场地单程赛，到场地双程赛，一直到 24 圈场地长跑；后来逐渐增加摔跤、拳击、混斗、战车赛、赛马等对抗性强、竞争激烈的项目，有的项目甚至出现伤亡事故，如粗暴的混斗比赛经常发生受伤致残的事故。混斗比赛不像摔跤那样只将对手摔倒即可，混斗比赛运动员可以通过拳打脚踢、扭肢扼喉和摔跤滚打等各种动作打击对手，直至对手丧失抵抗力或承认失败。

表 1–1　古代奥运会逐届增加的项目时间表

序号	届数	年代	新增项目
1	第 1 届	公元前 776 年	场地单程赛
2	第 14 届	公元前 724 年	场地双程赛

续表

序号	届数	年代	新增项目
3	第 15 届	公元前 720 年	长跑
4	第 18 届	公元前 708 年	五项全能、摔跤
5	第 23 届	公元前 688 年	拳击
6	第 25 届	公元前 680 年	四马战车赛
7	第 33 届	公元前 648 年	混斗、赛马
8	第 37 届	公元前 632 年	少年场地跑、少年摔跤
9	第 38 届	公元前 628 年	少年五项全能
10	第 41 届	公元前 616 年	少年拳击
11	第 65 届	公元前 520 年	武装赛跑
12	第 70 届	公元前 500 年	骡车赛
13	第 71 届	公元前 496 年	牝马赛
14	第 84 届	公元前 444 年	艺术赛
15	第 96 届	公元前 396 年	吹号赛、传令赛
16	第 99 届	公元前 384 年	四雏马战车赛
17	第 128 届	公元前 268 年	二雏马战车赛
18	第 131 届	公元前 256 年	雏马赛
19	第 145 届	公元前 200 年	少年混斗

（三）体育赛事完善评判体系

为保障体育赛事判罚结果的准确性和客观公正性，体育赛事所有权方不断完善体育赛事的规则，从设备的准备、场地的丈量、运动员的竞赛行为到裁判员的判罚、评判等方面，不断改进和完善规则。例如，在体育赛事中启用录像裁判技术，向误判“宣战”，保障比赛的公平公正。录像裁判技术让裁判员和电视机前的观众一样，可以现场即时看到视频回放，通过仔细观察视频回放，从而对自己的判罚做出更改或者确认，而不再是依靠肉眼做出判断。国际足联在经过漫长的讨论与测试后，决定将高科技引入世界杯，如 2013 年联合会杯以及 2014 年巴西世界杯启用门线技术，2018 年俄罗斯世界杯启用视频助理裁判技术（VAR）；羽毛球和乒乓球赛事中加入录像回放辅助裁决；“鹰眼”技术也在板球、网球和斯诺克赛事中运用。

（四）体育赛事提高均衡性

为提高体育赛事的均衡性，体育赛事所有权方也不断完善体育赛事的规则。由于体育项目在世界范围内发展不平衡，国际单项体育联合会考虑到项目本身的生存和发展，通过规则的修改解决项目地域发展不平衡的问题，以促进体育项目在世界范围内广泛推广。其中，乒乓球和羽毛球地域发展不平衡的问题极为突出。例如，国际乒乓球联合会（以下简称“国际乒联”）因为中国乒乓球队而不断对规则做出如下针对性的修改。

（1）限制参赛人数。1999 年，国际乒联将世乒赛参赛人数上限减少为男单、女单、混双 7 人（对），2008 年对“海外兵团”参赛进行限制，2009 年将各国奥运会单打比赛名额上限由 3 人减为 2 人。

（2）改变乒乓球的大小。2000 年，国际乒联将 38 mm 的小球改为 40 mm 的大球，降低球速，限制中国队的快攻打法。

（3）改变发球规则。2001 年，国际乒联将规则修改为每 2 球换发 1 次，限制中国队多变的发球，将发球改为无遮挡发球，限制中国前 3 板的威力。

（4）改变计分规则。2002 年，国际乒联将 5 局 3 胜制每局 21 分的赛制改为 7 局 4 胜制每局 11 分赛制，增大比赛的偶然性。

（5）改变抽签制度。2004 年，雅典奥运会对抽签制度进行了改革，规定男双和女双比赛中同一代表队的 2 对选手必须抽进同一个半区，避免中国队包揽金牌和银牌。

（五）体育赛事增加商业性

自 1984 年洛杉矶奥运会开创市场营销盈利纪录以来，商业营销成为体育赛事运作管理中极其重要的内容。体育赛事活动的内涵和外延发生了较大变化，目的和目标也越来越多样化，对经济、政治、文化、科技等方面的影响力也越来越大。为了提高体育赛事的商业价值，体育赛事所有权方不断完善体育赛事的规则。

（1）适应电视转播的需要。体育赛事整体趋势是缩短比赛时间，加快比赛节奏，避免消极比赛，鼓励运动员积极拼搏，增加比赛的竞争激烈性。体育赛事时间的调整包括比赛时限、比赛间隔时间、换人、总比赛日期、进攻时限、延误调整。由于观众、赞助商都难以忍受时间长、进程拖沓和单调乏味的比赛，排球、羽毛球、乒乓球等项目都由原来的发球得分制改成了每球得分制。

（2）增加比赛间隔时间。为满足电视转播的需要，使比赛时间在一定范围内具有可控性，体育赛事增加了技术暂停次数和时间，也为转播中插播广告提供了机会。

（3）提高比赛的观赏性。如为增强现场观看及其电视转播的效果，乒乓球比赛增加球台、球和地板颜色之间的相互对比性，规定球台要用蓝色，球用白色或橙色，地板用红色，从而提高了乒乓球比赛的观赏性；排球也由原先的白色球变成了更为赏心悦目的彩色球。服装的修改同样增加了比赛的观赏性，如 2005 年国际羽毛球联合会规定在其批准的赛事中，每件运动服装不再是单一的白色，可为任一颜色或多种颜色。

第三节　体育赛事发展的现状和趋势

一、西方体育赛事发展的现状

西方发达国家的职业体育历史悠久，定期举办体育项目的顶级赛事，如四大满贯和 ATP 1000 等网球顶级赛事，PGA 锦标赛（美国职业高尔夫锦标赛）和欧巡赛等高尔夫顶级赛事，F1、达喀尔拉力赛、法国勒芒 24 小时耐久赛和印地车赛等汽车顶级赛事。如今马拉松赛事遍地开花，但是世界知名、历史悠久的马拉松赛大部分来自西方，如芝加哥马拉松赛、伦敦马拉松赛、纽约马拉松赛等。本篇以美国、澳大利亚、加拿大和英国为主介绍西方体育赛事发展的现状。

（一）美国体育赛事发展的现状

美国举行了4届夏季奥运会和4届冬季奥运会，分别是1904年圣路易斯奥运会、1932年洛杉矶奥运会、1932年普莱西德湖冬奥会、1960年斯阔谷冬奥会、1980年普莱西德湖冬奥会、1984年洛杉矶奥运会、1996年亚特兰大奥运会和2002年盐湖城冬奥会。2028年，洛杉矶将举行第34届夏季奥运会，洛杉矶也将成为继伦敦和巴黎之后，又一个举办3次奥运会的城市。

除了奥运会，美国以职业棒球联赛、职业冰球联赛、职业橄榄球联赛和职业篮球联赛四大职业联赛闻名世界。大家最熟悉的可能就是篮球了，这归功于美国职业篮球联赛（NBA）持续推广海外市场计划，每年的海外营销以超过10%的速度增长。但是篮球在美国四大职业体育发展的历史上起步最晚，最早的是棒球。

1. 职业棒球联赛

1869年美国出现了完全职业化的棒球俱乐部，1871年成立了全美棒球协会。随着1901年美国棒球联盟的成立，职业棒球赛事大量出现。随后，美国职业棒球联盟（MLB）正式成立。美国职业棒球联赛是北美地区最高水平的职业棒球联赛。美国职业棒球联赛由美国联盟（AL）和国家联盟（NL）的30支球队参赛。每个联盟各有15支球队，依照地理位置划为西区、中区和东区3个分区，每个分区各5支球队。

美国职业棒球联赛分为常规赛、外卡赛、季后赛阶段。第一阶段，例行常规赛在每年3月底或4月初开幕，一直到9月底结束，持续6个月左右的常规赛共进行162场比赛，决出每区的冠军球队直接进入联盟分区系列赛。美国职业棒球联赛还积极拓展海外市场，除了日本和墨西哥的海外赛外，2019年首次将常规赛拓展到欧洲，纽约扬基和波士顿红袜2场比赛在英国伦敦奥林匹克体育场举行。第二阶段，美国联盟外卡赛和国家联盟外卡赛开幕，每年10月初，每个联盟除去3支区冠军球队，剩余12支球队中战绩最好的2支球队将进入季后赛的外卡资格的争夺阶段。第三阶段，每年10月，由2个联盟东、西、中3个分区的冠军加获得外卡资格的球队共8支球队参加3轮季后淘汰赛，3轮季后赛的名称分别为分区系列赛、联盟冠军赛和世界大赛。第一轮分区系列赛5战3胜，每个联盟胜率最高的球队将迎战外卡赛的胜者，其余2个分区冠军将逐对厮杀。后面2轮联盟冠军赛和世界大赛采用7战4胜赛制。

2. 职业冰球联赛

1917年美国国家冰球联盟（NHL）成立。这是一个由北美冰球队所组成的职业运动联盟。NHL是世界最高层级的职业冰球联盟，其联赛每年争夺的斯坦利杯是职业运动中历史最悠久的冠军奖杯。冰球联赛球队共分成东、西2个大区，每个大区又分为2个分区。冰球在中国的普及程度还是偏低的，但在美国冰球深受观众喜欢。美国职业冰球联赛赛制与职业棒球联赛类似，赛季分为常规赛和季后赛2个阶段，常规赛采用循环制共82场，进行积分排名。每个分区的前3名进入季后赛，剩下的球队在大区内比较，前2名叫外卡球队也进入季后赛。季后赛采取7场4胜制，2个赛区的冠军将会争夺联盟总冠军。

冰球跟美国人的个性相吻合，深受美国人的喜欢。很多美国人都是站着看冰球比赛的，极其亢奋，看到打架时观众常欢呼雀跃。冰球比赛运动员的身体冲突较多，再加上运动员都穿着防具，在最开始的时候还没有多少规则限制，所以经常爆发大规模群殴。手上的杆子、脚下的冰刀都是武器，很多运动员都身受重伤，甚至因此丧命。因此，美国职业冰球联赛的比赛规则增加了打架的限制，规范了步骤。第一步，运动员打架之前会很“斯文”地互相示意，先用眼睛直视对方表示要单挑，另一方有权利拒绝，但是一旦接受，冰球比赛就会暂停，所有人空出场地让2人单挑；第二步，双方扔掉手套和球杆；第三步，一对一开打，2人只能用手攻击，而且只能从正面攻击对方；第四步，双方决出胜负，由裁判员拉开，一般是判罚下场几分钟。整个打架过程必须是一对一，“第三者”介入会受到严厉的处罚。

3. 职业橄榄球联赛

在四大职业联赛中，美国人最喜欢观看的是职业橄榄球联赛（NFL）。职业橄榄球联赛由美国橄榄球联会（AFC）和国家橄榄球联会（NFC）2个联会的32支球队参赛。每个联会16支球队，分东、西、南、北4个分区，每个分区有4支球队。

美国职业橄榄球联赛分成季前赛、常规赛和季后赛3个阶段。季前赛共4周，是常规赛的热身，从每年9月初美国劳动节后的第一周开始，每支球队在9月—12月共17周的时间内打满16场比赛。季前赛一般在每周周四、周日或周一举行。常规赛上，每个联会4个分区的冠军加上剩余球队战绩最好的3支外卡球队，共有7支球队进入季后赛，3轮淘汰赛后决出美国橄榄球联会的冠军和国家橄榄球联会的冠军。第三阶段，2个联会的冠军会在超级碗（Super Bowl）比赛中相遇，争夺总冠军杯——文斯·隆巴迪杯。超级碗结束1周后，2个联会挑选出来的年度最佳选手将参加夏威夷举行的明星赛，也称为“职业碗”（Pro Bowl）。

4. 职业篮球联赛

美国职业篮球联赛（NBA），是世界上水平最高的篮球赛事。NBA由北美30支男子职业篮球队伍参赛，30支球队分东部和西部2个联盟，每个联盟由3个赛区组成，每个赛区有5支球队。

美国职业篮球联赛分成季前赛、常规赛和季后赛3个阶段。第一阶段，每年10月前结束选秀与热身的季前赛；第二阶段，从每年的10月底开始常规赛，到次年的4月中旬结束，决出东西部前8名的球队进入季后赛；第三阶段，次年4月下旬开始季后赛，东西部16支球队最后决出东西部的冠军，晋级总决赛，2支球队7局4胜者为当赛季总冠军，总决赛中表现最优秀的球员获得总决赛MVP荣誉。此外，还有为期3天的NBA全明星赛作为一项表演性质的赛事，深受全球球迷的喜爱。

（二）澳大利亚体育赛事发展的现状

澳大利亚成立了州政府事件运作公司。这些政府控股的非营利性质的公司持续对各种体育赛事的引进和运营操作直接负责。不仅如此，澳大利亚还将众多的体育赛事同促进旅游紧密结合。澳大利亚把旅游融入体育赛事最好的案例就是在墨尔本公园举行的澳大利亚网球公开赛，每年澳大利亚网球公开赛都会吸引来自世界各地的网球好手，为期2周的赛事有超过55万名观众前来观看，成为澳大利亚观众参与最多的年度体育盛会。

2000年9月15日—10月1日，澳大利亚悉尼举办了2000年夏季奥运会，来自全球200个代表团的1.1万名运动员参加了28个大项、300个小项的角逐。盛大的2000年悉尼奥运会给澳大利亚的新南威尔斯州带来了63亿美元的收益，助推了澳大利亚经济，提高了其全球声望。

（三）加拿大体育赛事发展的现状

加拿大政府提出通过举办体育赛事促进国家经济发展，有关部门制订了名为“国际体育赛事申办战略”的计划，对全国的体育赛事产业进行专门规划，支持地方政府和各类体育组织的赛事申办工作。

加拿大的冰球赛事每年吸引了大量球迷前来观看。加拿大的冰球赛事还加入了很多其他元素，如把慈善融入体育赛事，增加赛事的美誉度。加拿大一些冰球队还有一些传统，如每到圣诞节，在主队打进第一个球后，全场就会把带来的泰迪熊和各种毛绒玩具扔进场地。这些玩具被收集起来，作为圣诞节礼物捐赠给当地的医院和孤儿院等相关福利机构。

（四）英国体育赛事发展现状

英国的很多城市，如伯明翰、谢菲尔德、曼彻斯特等，为实现城市的产业结构转型，纷纷制定了相关体育政策，举办大型体育赛事，以期达到城市再造的目的。实践也证明，体育赛事确实带动了英国相关产业的发展。

以 F1 英国大奖赛为例，英国的银石赛道闻名世界，位于英国伦敦以北约 100 千米处。第二次世界大战后，英国的经济进入低谷。为了促进经济发展，英国政府把第二次世界大战时期的军用机场改成了赛车场。1948 年这儿举办英国大奖赛（GP），1950 年银石赛道成为第一场F1的赛场。经过多年的发展，现在渐渐形成以牛津郡为中心的赛车产业集群，也被称为“赛车业的硅谷”。这里聚集着成百上千与赛车有关的公司和组织，俨然已经成为赛车产业的“杰出技术中心”“赛车制造中心”“人才中心”。

二、西方体育赛事产业的发展

随着体育赛事的增加和规模的扩大，体育赛事的相关产业也逐渐壮大，特别是赛事传媒集团和赛事服务公司不断发展，例如，福克斯体育电视网、ABC 电视台娱乐频道、盈方体育传媒集团、娱乐与体育节目电视网以及美国付费电视网络等。这些公司都创作了大量精彩的体育赛事节目，进一步增强了体育赛事的互动性。此外，各类提供体育赛事相关服务的专业化公司相继涌现，如 IEG、IMG、八方环球、瑞士盈方等。

福克斯体育（FOX）和美国职业棒球联盟（MLB）的合作已经超过了 20 年。福克斯体育于 1996 年成为美国职业棒球联赛在全美的独家转播平台，到 2013 年双方签订了总价值为 56 亿美元的 8 年合作协议。福克斯体育还花了 10 亿美元买下了 2018 年俄罗斯和 2022 年卡塔尔 2 届世界杯英语和西班牙语频道美国地区转播权。

美国付费电视网络（HBO）与拳击赛事进行了长达 45 年的合作，由于娱乐与体育节目电视网（ESPN）抢下了转播权，2018 年年底美国付费电视网络正式停播拳击比赛。而娱乐与体育节目电视网是一家 24 小时专门播放体育节目的美国有线电视网，是全球最大的体育电视网，卫星网络覆盖 160 个国家，全球收视观众超过 2.1 亿人。

瑞士盈方跟中国的渊源很深，2015 年，万达以 10.5 亿元并购总部位于瑞士的盈方体育集团，控股 68.2%。万达的举动吸引了众人的关注，当时中国正在申办 2022 年冬奥会，盈方是全球范围内在冬季项目方面最有资源的体育公司。

三、中国体育赛事发展

作为发展中国家的代表，受2008年北京奥运会的影响，中国成为世界体育赛事发展速度较快的国家之一，篮球世界杯、亚运会、世界游泳锦标赛、中国网球公开赛、北京马拉松、NBA季前赛、意大利超级杯赛、世界田径锦标赛等高级别的体育赛事纷纷落户中国。北京、上海等城市纷纷制定相关战略规划促进体育赛事发展。北京市积极加强与国际职业体育组织的合作，加大政策和资金的扶持力度，积极申办、培育国际级的大型体育品牌赛事。上海市为了建设国际体育知名城市，已基本形成上海ATP 1000大师赛、F1、国际田径黄金大奖赛、汇丰高尔夫冠军赛、世界斯诺克锦标赛和上海国际马拉松六大品牌赛事。

我国体育赛事发展迅速，取得了丰硕的成果。当然，我们也要认清自己的优势和不足，更好地促进体育赛事的发展。

（一）区域体育赛事联动发展

近些年来，区域体育赛事发展良好。区域体育赛事要打破区域限制，实现资源共享、优势互补、错位发展、合作多赢，开创区域联合办赛的城市群赛事产业链。以长三角地区为例，在群众性体育赛事主办方面，长三角区域做了积极的尝试，每年的长达数月的"长三角体育圈"全民健身大联动，采用家庭健身趣味跑、家庭趣味赛、定向越野赛、环太湖自行车赛、乒乓球赛和羽毛球赛等趣味健身项目，实现体育赛事区域联动发展。

此外，应在体育赛事的品牌效应，相关旅游产品和标准的研发、制定等方面取得突破性进展，从而创新性地实施跨部门合作机制。根据相关行业标准，应探析体育赛事及衍生的相关产业的标准，加强对体育赛事主办、运作以及体育赛事相关产业的资质认定工作。在筹办大型体育赛事之前就应积极联系为赛事提供接待、旅游等配套服务的企业，制订赛事接待、旅游服务的完备计划，来满足赛事的实际需要，并力争取得更多相关部门、单位的支持，来为观众、游客和球迷等人群提供比赛期间的服务保障。在大型体育赛事举办期间，赛场周边的酒店、餐饮等配套服务可能相对紧张，此时可通过加大宣传等途径，让周边城市的酒店、餐饮等相关产业参与到赛事服务中来。一方面，这样可以确保赛事的服务、接待；另一方面，也能促进周边城市相关产业利润的增长。大型体育赛事的举办不但能使城市群实现经济、社会发展的"共赢"，而且能为地区的整体发展提供新的动力。

在举办国际和国内大赛经历方面，长三角区域的上海市、南京市、杭州市和珠三角城市群中的深圳市、广州市、珠海市等都有着丰富的组织经验、良好的硬件设施和雄厚的经济实力。因此，我们可以在党和国家的宏观指导下，建立省级、市级政府之间的协调机制，以整个区域协同发展为着眼点，全面制定相关的政策及相应的规划，以支持和促进体育赛事与城市旅游的协调发展，促进城市、社会和经济的发展，遵循"深化提升和搭台"的思路，进一步强化"服务、辐射、带动"的功能，打造区域体育赛事中心城市及区域旅游服务中心城市，借鉴日本与韩国共同举办"世界杯足球赛"的模式，采用"一方申办和两方配合"或者"多方共同申办与配合"的形式，争取成功申办大型的、有国际影响力的体育赛事，构建体育圈，形成体育赛事产业链，实现区域竞赛表演业联动发展。首先，在工作机制上要有创新区域合作的理念，加强各个城市之间的对接协调，抢占区域赛事发展的制高点，打开区域旅游的门户；其次，要进一步完善区域交通体系和公共服务网络，加快城市群高速公路、轻轨、城铁等接口的建设，逐步建立覆盖整个地区的旅游公共服务体系，为举办大型体育赛事提供良好的服务支持。

（二）**体育赛事大众化发展**

体育赛事大众化是体育赛事由少数受众群体向多数受众群体发展的过程。生活水平的提高、工作和生活节奏的加快，造成了人们心理上的紧张、精神上的压力。为缓解这种紧张和压力，以保持充沛的体力，人们开始转变生活方式。而随着生活水平的提高，人们开始追求身体健康和精神领域。越来越多的人开始注重自己的身体健康，因而参与体育赛事的呼声也越来越高。因此，体育赛事开始走进社会大众的余暇生活，渗透社会生活的方方面面，成为社会大众在余暇生活中不可缺少的有机组成部分。例如，根据数据统计，2018 年北京马拉松共有 111 793 名跑友报名参赛，相比于 2017 年增加了 13 106 人，增幅达 13%。市民对大众比赛的参与度持续提升。

为实现体育赛事的大众化发展，各级政府应高度重视社区体育在体育大众化中的重要作用，大力发展社区体育，进一步完善社区体育的组织与管理机构，并积极支持和引导社会力量参与到社区体育的发展建设中来，扶持各社区以健身为主的群众性体育交流赛事，力争让更多的没有体育意识的社会大众了解和参与到全民健身周、全民健身节、社区健身大会开展的观众型体育赛事中来。要使体育赛事更加贴近生活，就要构建赛事组合，使其内容和形式更具有吸引力，根据社会中不同层次人群的体育需求，来举办符合各层次人群的体育赛事。针对高收入人群，可以考虑举办马术、赛车、赛艇等高档次体育赛事；针对中产阶级，则可以考虑一些需要一定经济能力的高尔夫球、网球等体育赛事；针对广大普通民众则可以推出诸如健身跑、3VS3 篮球、五人制足球、软式排球、乒乓球和羽毛球等一些花费较低的群众喜闻乐见、参与度高的全民性体育赛事。

（三）**体育赛事品牌化发展**

近些年来，我国承办的国际性体育赛事数量逐年增加，正如所有的事物发展规律一样，当同类赛事数量达到一定程度时，优胜劣汰规律就会发挥其作用，赛事数量会相对减少，而质量则会相对提升。但是品牌赛事的培育需要一个漫长的过程，如 ATP 1000 大师赛能于 2009 年永久落户上海，是源于其 30 年的国际网球赛事培育之路：1996 年举办的 ATP 世界巡回赛，1998—2004 年举办的 5 届上海喜力网球公开赛，2002 年、2005—2008 年举办的 5 届世界男子网坛最高级别的网球大师杯赛。因而，我们不能急功近利，必须要以发展的眼光，有长期的规划，以一个高端品牌的概念来打造体育赛事，要花 5 年、10 年，甚至更长的时间来培育在国际上影响力大而持久、知名度高而广泛、知识产权自主、市场运作良好的高端品牌体育赛事。

很多国际性体育赛事的历史都相当悠久，有的甚至可以追溯到 19 世纪。在上百年的发展、演进过程中，这些体育赛事都形成了具有自身特点的、底蕴深厚的赛事文化。它们伴随着城市的不断进步，而逐渐成为主办城市的标志、象征和名片，是城市文化在体育上的体现。但是，我国近几年举办的一些国际性体育赛事，绝大多数都是通过加入已有的国际单项体育联合会，继而成为其系列赛中的一站，也就是通过嫁接西方发达国家的职业体育品牌赛事来实现我们所举办的赛事的国际影响力。这些体育赛事知识产权不属于我们自己，因而运营的成本相对较高。这些大型体育赛事的影响因素很多，且多数因素都不可控，所以对于这些体育赛事的发展动向我们也无法把握。因此，我们有必要将群众基础较为浓厚的且与本土文化联系较为紧密的体育项目，如龙舟、武术、中国象棋、围棋、秧歌等群众喜闻乐见、参与度高，但是还未形成本土赛事品牌的传统体育赛事，逐步培育、打造成为民族气息浓郁的精品体育赛事，并逐步推向全国，走向世界，最终使传统体育赛事成为国际性品牌赛事。

（四）体育赛事娱乐化发展

体育赛事娱乐化是指为达到获取经济利益的目的，借助于传播技术和商业化手段影响体育赛事，使之成为每个人都能享用的娱乐产品的当代体育赛事发展形态。如今国内一些体育赛事为吸引观众，集聚人气，在体育赛事中加入娱乐性因素。运动员在比赛中扮演着英雄的角色，演出一幕又一幕悲壮的“话剧”。体育比赛已经上升为一种表演。体育赛事娱乐化使体育赛事成为能增加收视率和门票收入以及能刺激观众的娱乐活动。例如，2013 年 4 月江苏卫视《星跳水立方》节目把跳水项目娱乐化，在北京奥运会水立方跳水馆内邀请明星在奥运冠军教练员的指导下训练，使明星跨界成为专业跳水运动员，最后明星运动员在国际泳联的竞赛规则下进行残酷的对决。利用知名媒体和明星偶像的强大影响力，《星跳水立方》一经播出，就成为该时段收视率较高的节目。同样，浙江卫视与中国国家跳水队合作开发的体育竞技综艺类节目《中国星跳跃》，全国平均收视率达到 1.952%，远高于同类节目。NBA 堪称体育赛事娱乐化的典范，以娱乐来带动 NBA 比赛的发展。NBA 每年赛事的嘉年华活动就赚取了 10 多亿美元。一年一度仅仅 3 天的 NBA 全明星赛已成为全球球迷的乐园，吸引了全世界的关注，超过 200 个国家和地区现场直播，拥有 31 亿全球观众。同时这场以娱乐为主的体育赛事，带动了城市相关产业发展，主办方更是每天获得约 1 000 万美元的利润。因此，NBA 全明星赛对于人们来说，绝不仅仅是一项体育赛事，更是“娱乐”。

因此，体育赛事只有满足市场需求，挖掘体育赛事的娱乐资源，联合大众传媒和工商企业，采用媒体传播和商业化手段强化赛事的娱乐性，才能更有利于赛事的传播和商业开发。体育赛事组织者应适应当前社会文化发展的趋势，努力将体育赛事打造成顺应人们需求的娱乐产品，在提高比赛水平的同时，以赛制改革、赛程安排、引进球星、塑造俱乐部品牌、衍生品开发等为手段，挖掘体育赛事的娱乐资源。当然，在商业手段的运用方面，应尊重职业体育自身的发展规律，把握职业体育赛事商业化的“度”，不能因为体育赛事娱乐化发展影响了体育赛事的健康发展。

（五）体育赛事商业化发展

随着体育赛事的发展，尽管有些体育赛事如喜力网球公开赛、网球大师杯赛、上海汇丰高尔夫冠军赛等大型商业赛事，采用了“政府推动、市场运作”“政府退出、纯市场运作”等办赛模式，但是从我国历年体育赛事的举办中可以看出体育赛事商业化程度并不高。许多地区大型体育赛事运作模式绝大部分是政府实行全额拨款，亲自申办，并成立赛事组委会，举办地体育局负责体育赛事的具体操作。大型体育赛事仍然是行政性的，而非市场性的。这就会导致体育赛事的市场化运作程度不高，体育赛事的影响力发挥不够。绝大部分国际性体育赛事是引进国外职业体育品牌赛事，全国性体育赛事是承接国家体育总局的任务，因而，在赛事宣传、营销、推广、赞助冠名等方面缺乏一定的主动性，承办方在举办赛事过程中商业权限较小，赛事难以广泛深入地进行市场化运作，造成大部分地方贴钱办赛。

承办体育赛事成为政府的包袱，体育赛事就难以良性发展。因而，我们要完善体育赛事产业链，加强优势企业与体育赛事的结合，创造条件、提供机会，吸引更多有经济实力并有意向投入体育行业的企业加入体育赛事。同时，应加强竞赛表演文化与企业文化的融合，提高体育赛事和企业的层次和水平，通过行政区划、适度竞争、市场引导、市场推进等手段，促进我国体育赛事商业化的发展。

复习思考题

1. 简述体育赛事的发展历程。
2. 简述体育赛事管理的重要性。
3. 根据体育赛事的发展现状，谈谈体育赛事的发展趋势。

第二章　体育赛事的定义、分类与特性

第一节　体育赛事的定义

体育赛事中的运动项目萌芽于体育游戏，且随着比赛规则和比赛内容的不断完善而升华为体育竞赛。而体育赛事的概念是从“体育竞赛”演变而来的。体育竞赛（国家体委训练竞赛综合司，1991）是指“在裁判员主持下，按统一的规则要求，组织与实施的运动员个体或运动队之间的竞技较量”，然而该定义只停留在竞技体育比赛的层面。

随着体育赛事的增加，以及其经济效益和社会效益的凸显，体育竞赛活动的内涵和外延发生了巨大的变化，原有“体育竞赛”的概念被打破，体育竞赛的项目化特征越来越明显。很多学者从项目管理的角度对其进行定义，更多地将其称为“体育赛事”。国外学者对体育赛事的认识有所不同，普遍将体育赛事纳入特殊事件的范畴，并从特殊事件的视角来认识体育赛事。鉴于国外关于体育赛事概念的研究成果，国内学者对其定义也进行了深入探讨。例如，李南筑（2006）认为体育赛事以体育竞技为主题，黄海燕（2009）通过对体育赛事概念邻近属和种差的分析指出“体育赛事是以竞技为主题，一次性或经常发生，且具有一定期限的集众性活动”，王守恒等（2003）在定义体育赛事概念时指出了体育赛事的项目特征，肖林鹏（2005）在《体育赛事项目管理》一书中明确指出“体育赛事是一个典型的项目”。目前，国内外关于体育赛事概念的理解不尽相同。总的来说，可以从概念性和技术性 2 个层面对体育赛事进行定义。

一、体育赛事的概念性定义

所谓“定义”，就是用简短和明确的词语揭示概念的内涵与外延，以反映对象的本质与特点的过程与方法。“属 + 种差”是一种常用的基本定义方法。这种定义方法的过程是：首先找出被定义项的“邻近属概念”，然后找出被定义项与其他同级概念之间的差别——“种差”，最后将二者相加形成定义。

从词源上讲，“体育赛事”这一概念来源于欧美国家，对应的英语词汇即“Sport Event”。西方一些较早从事节事研究的学者普遍认为，“体育赛事”是“特殊事件（Special Event）”的一个亚类。因此，本书认为“特殊事件”是最适合的“体育赛事”邻近属概念。

唐纳德·盖茨认为特殊事件可以从 2 个角度加以定义：从组织者角度看，特殊事件是在赞助人或组织人的例行事务、日常工作或活动以外的一种一次性或不经常发生的活动；从参与者角度看，特殊事件则是在消费者或顾客正常的选择范围以外的，或日常俗事以外的一个休闲、社交或文化体验的机会。依据这个定义框架，属于特殊事件中的一个亚类的体育赛事可以这样定义：各类运动会或比赛，其中有体育活动。乔·戈德布拉特也持类似的观点，认为特殊事件是一次特殊的赛事，是为满足某些具体需要而确立的与众不同的瞬间，它通常与典礼和仪式一起进行。还有一些学者在此基础上将那些非庆祝性（或仪式性和典礼性）的事件也加入特殊节事范畴，认为特殊节事是从那些非日常事件中崛起的现象，它具有休闲、文化、个人或组织的目标，该目标脱离日常生活活动，目的是启迪、庆祝或娱乐。

所谓体育赛事概念的种差，就是体育赛事区别于其他同属于这类特殊事件范畴事件（如文化庆典、艺术活动、商业庆典、展览会、学术会议、传统仪式等）的特征。这个区别的本质在于："体育竞技活动"是体育赛事的核心与主题。因此，对"体育赛事"可以做如下概念性定义：以体育竞技活动为主题，一次性或经常发生的短期的集众性活动。对于这一概念的内涵，我们需要做如下理解：体育赛事的本质是以人体运动为载体的竞争性活动（用比赛决定胜负），有别于其他活动（如工作、学习和休闲等）。首先，活动的构成要素包括"比赛项目""竞技者""裁判员""承办（或举办）方""观众""赛场""技战术""资本""时间""地点"10个方面。其次，这种活动的目的在于显示人体运动竞技能力的高低，并予以公开昭示。人体运动和公开竞赛是体育赛事的本质属性。最后，赛事活动性已超出传统的体育竞技范畴，而具有一定的经济、社会文化甚至政治属性。

二、体育赛事的技术性定义

（一）项目管理角度的定义

这种定义方法的逻辑前提是将体育赛事看成一种可以运用项目管理的相关技术与方法进行管理的特殊事件，强调了好的组织运作是体育赛事成功的关键因素。具体来讲，体育赛事是指具有市场营销、项目管理和组织文化背景特征，受运动项目、竞赛规则以及社会经济等多种因素制约的，能提供体育竞赛产品和相关服务产品以满足体育消费多种需求的特殊活动。根据这一定义，体育赛事除了具有基本的项目性和竞赛性属性以外，还具有文化性、复杂性、目标或目的多样性以及市场产品性等属性。

（二）产业经济学角度的定义

从产业经济学角度分析，体育赛事是赛事参与人员（含运动员、教练员、裁判员等）以各类运动设备和劳务为投入品，生产可供人们观赏和消费的各类人体运动的动作组合产品以及在此基础上可用于再生产的衍生产品（如转播权、广告权、标记特许使用权等）的生产经营活动。这个生产经营活动以体育比赛为核心，涉及门票促销、运动员包装、媒体推广、赞助和广告策划、标志品开发等众多活动。

从产业经济学角度对体育赛事进行定义，主要基于3个方面考虑。首先，体育赛事是体育产业的重要组成部分。在体育产业化与市场化日趋成熟的背景下，无论公益性还是商业性体育赛事均采用市场化运作方式。其次，体育赛事已成为一项具有典型"投入—产出"性的生产活动。该概念以体育赛事生产活动为线索，以特定投入品和产出为主要特征，揭示了体育赛事区别于其他活动的本质属性。最后，体育赛事已经成为社会生活中的重要"消费品"，因此体育赛事的生产经营活动是一个"投入—生产—消费"不断再循环的过程。

依照一般经济学理论，投入品大体上可划分成土地（自然资源）、劳动和资本三大基本范畴，体育赛事的投入品也不例外。在体育赛事产业中，土地资源意味着有一定范围的地理空间，可以是固定的（或永久性）场馆，也可以是临时划定或规定的某一空间。通常这类资源的投入主体是政府，投入方式可以是无偿提供或赛事举办组织有偿征用。劳动的投入主体包括运动员、教练员、裁判员与官员、赛场工作人员等。任何赛事的举办都需要有资本的投入，这个资本的投入主体可以是赛事所有机构、政府部门或企业。其中，资本的形式包括物质资本和货币资本。前者主要是指体育设施设备、场地与场馆等。2 种形式资本的投入主体既可以是政府部门，也可以是供应商（赞助商）。

市场化是体育赛事产业化的一个重要前提。这主要表现在体育赛事是综合性很强的产品，其生产过程需要相关行业的市场合作。在市场经济环境下，这些合作在合同契约的基础上通过市场交易的方式达成。与体育赛事组织举办方发生这种关系的利益主体，主要包括体育设施设备生产商、赞助商与相关服务提供商及中间商（代理商）等。

体育赛事的生产即体育赛事组织运营与管理者依据一定的程序与规则对投入资源进行组合与配置利用的过程。体育赛事生产部门一般有 2 种类型：一是集出资和运作于一体的独家生产部门（如 NBA、欧洲五大足球联赛等）；二是由出资方和运作方多家经营主体合作而成的生产部门（如皇马中国行足球邀请赛等）。体育赛事作为产品，同样是生产者所拥有的、可用于市场交易的资源，包括生产过程中创造的人体运动组合的观赏性服务与可用于再生产的衍生资源。

体育赛事的消费主体包括体育竞赛表演（基础产品）的观赏者和将体育赛事各类衍生资源作为其再生产投入品的生产部门，包括现场观众、博彩企业、媒体、各类使用赛事符号的企业及赞助商等。

尽管国内外对体育赛事概念的理解不尽相同，但是从相关的研究可以看出，有的学者把体育赛事当作事件，而事件分为自然事件和社会事件，因此，他们认为体育赛事是一种事先设定了明确的目标和可利用的资源范围，并为此专门组织人员综合运用多种学科知识，在一定时间内完成的一次性工作。体育赛事的概念和性质表明其社会属性，由于事件范围太广，把赛事仅仅称作事件不够精确。

本书赞同王守恒、叶庆晖（2003）对体育赛事的界定：体育赛事是一种提供竞赛产品和相关服务产品的特殊事件，其规模和形式受竞赛规则、传统习俗和多种因素的制约，具有项目管理特征、组织文化背景和市场潜力，能够迎合不同参与体分享经历的需求，达到多种目的与目标，对社会和文化、自然和环境、政治和经济、旅游等多个领域发生冲击影响，能够产生显著的社会效益、经济效益和综合效益。

第二节　体育赛事的分类

不同的标准，划分的类别也不一样。国内外学者从各自的视角对体育赛事给出了众多不同的划分标准，大体可从以下维度进行分类：体育赛事的不同对象与标准、体育赛事的规模、体育赛事的性质和任务、体育赛事包含的项目或项目群、体育赛事的举办地点、体育赛事的持续时间、获取体育赛事举办权的方式、体育赛事的观众是否购买门票等。

一、依体育赛事的不同对象与标准进行分类

（1）依参赛者的年龄，可分为儿童比赛、少年比赛、青年比赛、成年比赛和老年比赛等。

（2）依参赛者的行业，可分为职工运动会、农民运动会、军人运动会、学生运动会等。

（3）依参赛者的身体健康状况，可分为健全人比赛、残疾人比赛等。

（4）依比赛所包含项目的数量，可分为综合性比赛及单项比赛等。

（5）依比赛的组织形式，可分为集中组织的比赛和分散组织的比赛等。

（6）依比赛的制度化程度，可分为非正式比赛、半正式比赛、正式比赛、职业比赛 4 种。

二、依体育赛事的规模进行分类

（1）基层单位比赛，学校、厂矿、街道、机关等组织的比赛。

（2）地区性比赛，按行政计划组织的区、县、市、省级比赛。

（3）全国性比赛，包括全国性综合运动会、单项运动会，全国性行业、部门运动会等。

（4）国际比赛，包括地区性国际比赛及组合式国际比赛。

（5）洲际比赛，如亚运会、非运会等。

（6）世界大赛，主要包括奥运会、世界锦标赛及世界杯赛，通常 2 年或 4 年举行 1 次。另外，还有多项目的系列大奖赛及某些项目的特定比赛，如 F1、“苏迪曼杯”羽毛球比赛等。

三、依体育赛事的性质和任务进行分类

（1）运动会，不同参赛国家、地区或行业竞技运动实力的综合较量，特点是项目多、规模大，大多 1 年或几年举办 1 次。

（2）冠军赛或锦标赛，一定范围、一定规模的单项比赛。我国体育竞赛将不同项目据性质不同分为一类、二类比赛。竞技体育管理部门更加关注的是全国一类比赛（最高水平的比赛）。

（3）对抗赛，由 2 个或 2 个以上单位联合举办的对抗性计分比赛，以强化训练、提高专项水平为主要目的。

（4）邀请赛，1 个单位主办，邀请其他单位参加的竞赛，通常依主办者竞技发展的需要（或准备参加洲际级、世界级大赛，或重点提高某一项目的竞技水平）而举办。

（5）选拔赛，为选拔高一级比赛的参赛运动员而组织的比赛。

（6）等级赛，按竞技水平或运动等级分别定期举行的比赛，如甲、乙级联赛等。

（7）友谊赛，为互相观摩、学习，提高竞技水平，促进友谊和团结而组织的比赛。

（8）表演赛，为举行庆祝或纪念活动，或宣传运动项目发展状况而组织的比赛。参赛者

重在演示运动技巧，而不过分追求取胜。

（9）达标赛。为争取达到对竞技水平的特定要求而组织的比赛。有优秀运动员争取通过大赛参赛标准的达标赛，也有群众性体育活动中争取达到各种体育锻炼标准、各种考试标准的达标赛。

四、依体育赛事包含的项目或项目群进行分类

体育赛事是一个典型的项目，可以从项目或项目群的视角进行分类。根据项目及项目群的目标（或共同的主题），为满足共同的约束、达到共同客户的满意、提交共同的产品以及实现共同的功能，也可从以下 4 个维度建立体育赛事分类标准。

（一）按照满足的约束条件

体育赛事的分类标准是赛事满足的约束条件，这里的约束可以是合同、资源（人才、技术、设备、资金、场馆）等，期望的利益可能是合同的更好履行、资源的更优利用等。赛事以不同的主题约束为标准，一般以公共资源中大型场馆为约束条件来分类，对同一个体育场馆的这些赛事进行协同管理，更好地解决公共资源瓶颈和资源浪费等问题。

（二）按照面向的客户类型

按照面向的客户类型建立分类标准的优点是服务对象一致，赛事的目标是达到共同客户的满意。通过对客户类型进行分类能够更好地理解和把握客户的需求，有效地识别工作范围，建立迅速、准确的沟通机制，使各赛事形成一个有机的整体，以综合的、统一的界面开展赛事管理，以达到或超过客户的期望。在一定程度上，体育成为客户身份地位的象征，对赛事的选择受到阶层意识的支配。针对不同的阶层形成不同类别的赛事，高收入人群主要参与贵族类赛事（如商业马赛等），而中产阶级主要参与能体现身份、满足社交个性化的时尚体育赛事（如 F1 等）。

（三）按照提交的产品性质

体育赛事不同于其他产品，其生产和消费同时进行，赛事本身就是产品，所以将体育赛事的性质作为分类标准可以形成以下不同的类型。其一，根据赛事项目的不同，分为综合性赛事和单项赛事；其二，根据参赛运动员和运动队地理分布的不同，可以分为 4 类：世界级体育赛事（如奥运会、足球世界杯、世界锦标赛等）、洲际体育赛事（如亚运会、亚洲杯足球赛等）、国家级体育赛事（如全运会、中国足球超级联赛等）、省（市）及更小范围的体育赛事（如上海市运动会等）；其三，根据参赛运动员或运动队的性质，可以分为职业体育赛事和业余体育赛事；其四，根据赛事规模的大小分级，可以分为大型体育赛事，包含超大型和标志性的体育赛事，以及除此之外规模相对较小的体育赛事。

（四）按照赛事的功能

体育赛事不仅有体育的功能，而且已经成为促进城市实现发展目标、展示城市形象、促进国际交流的重要工具。体育赛事按照其实现的功能不同可以分为两大类。第一类是以经济效益为主的赛事。此类赛事主要的功能是使主办方获得经济效益，拉动城市经济增长，扩大就业，同时促进消费，带动相关产业的发展等。例如，2004 年 F1 中国大奖赛就取得了 10 亿元盈利（包括拉动的相关产业）；2008 年网球大师杯赛，比赛的运营总支出为 1 亿元，给相关行业带来的直接消费是 2.49 亿元，间接消费为 5.25 亿元，提供直接就业岗位 264 个、间接

岗位 2 144 个。第二类是以社会效益为主的赛事，按照其实现的不同社会功能又可以细化为以展示城市形象为主的赛事、以开展国际交往为主的赛事和以丰富地域文化为主的赛事 3 类。其一，以展示城市形象为主的赛事，主要功能是宣传城市，往往能形成强大的宣传力和影响力，从而为城市品牌的建设搭起良好的平台，把城市形象推向全国、推向世界。其二，以开展国际交往为主的赛事。例如，“乒乓外交”的“小球转动大球”，体育赛事的功能已经远远超出了运动员之间的交流。通过这类赛事，世界各国的体育爱好者云集举办地，加强了交流，加深了认识，同时政府也可利用此类赛事的作用降低公关成本，和来访的各国政要或者商业巨头进行交流，开辟无障碍的沟通新渠道。其三，以丰富地域文化为主的赛事。此类赛事在满足市民健身娱乐需求的同时，更重要的作用是赛事举办地地域多元文化的传承。地域文化在体育赛事中得到充分的展示，市民通过观看体育赛事接受文化的熏陶，吸纳优良的传统文化，逐步形成健康积极的价值观念和良好的素质。

第三节　体育赛事的特性

一、参与的广泛性

体育赛事参与人数众多和参与人员社会文化程度较高是其突出特点。特别是大型体育赛事是个非常复杂的项目系统，参与人数广泛，其中涉及的利益相关者数量庞大，有赛事的消费者、组织者、贵宾、赞助商、合作伙伴以及城市社区等。从赛事的生产者角度，体育赛事从申办到筹备再到举办需要投入较多的人力和物力。从赛事的消费者角度，观众在一定的时间内高度集中，使体育场馆处于较为饱和状态。

二、管理的复杂性

体育赛事涉及的范围广、涉及的工作量大，如各种客户群的服务、活动的流程、场馆流线的设计及空间的规划、安全保卫、宾馆住宿和接待、气象的保障、交通运输、医疗卫生的服务以及市政保障等，而且这些工作的内容还存在着巨大的差异，从而导致很高的不确定性。在一个特定的场馆和特定的时间内举办赛事，重要的是，其中任何过程都不可逆，成功和失败只有一次机会，因而任何细微环节都不能忽视，否则可能导致重大事故的发生，甚至影响赛事的正常进行。特别是大型体育赛事，从计划到正式举行筹办周期很长，如奥运会的筹办周期一般都在 10 年左右。

三、投资的超大性

大型体育赛事的举办需要强大的经济基础，从赛事筹办到结束的整个过程中，交通、外事活动、赛事运行、宣传推广、门票管理、体育设备、仪式、医疗服务、设施维护、安保，以及为赛事兴建和改建的体育场馆设施、城市基础设施、城市环境改造的工程等，都需要投入大量的费用。例如，2001 年美国盐湖城冬奥会共投资 19 亿美元，2004 年雅典奥运会仅安保预算就达到 12 亿欧元。大型体育赛事需要拥有庞大的财务保障，如果在筹资环节上出现问题，所带来的损失也是难以想象的。因此，申办大型体育赛事需要慎重考虑，全面考察。

四、传播的社会性

体育赛事本身就是一个大众传播媒介，在申办之前不发生传播作用，一旦申办成功就能产生良好的传播效果。体育赛事具有聚集性特征，在赛事举办期间国内外的媒体、相关组织或者个人都会在短时期内把目光迅速聚焦到一个城市。例如，2004 年 F1 上海站现场观众为 25 万人，约有 3.66 亿电视观众，200 多个国家和地区的 7 万多家电视台对 F1 展开了直播或转播。可以看出，大型体育赛事传播广泛且迅速，赛事的传播使得赛事举办地的知名度得到了极大的提高，增加了城市的“无形资产”，提高了城市的品牌效应。反之，一旦出现负面新闻，就会造成很严重的后果，如 1972 年慕尼黑奥运会的“黑九月”事件以及亚特兰大奥林匹克公园爆炸案、2002 年盐湖城冬奥会贿赂丑闻，大量负面新闻将组委会所有的付出毁于一旦，并极大地影响了上述城市的形象。

复习思考题

1. 简述体育赛事的概念性定义。
2. 依体育赛事的规模对体育赛事进行的分类有哪几种？
3. 体育赛事的特性有哪些？

第三章　体育赛事的赛前评估、选择与申办

体育赛事在进行选择和申办前需要进行体育赛事的赛前评估。本章主要介绍体育赛事的赛前评估、体育赛事的选择和体育赛事的申办。

第一节　体育赛事的赛前评估

一、体育赛事赛前评估的定义

体育赛事赛前评估是对申办赛事报告的再审查、再研究，特别是在体育赛事的场地、器材和经济等方面对申办赛事报告进行更深入的研究。

在赛前评估时应针对申办赛事报告客观、公正地阐明评估的见解，并对体育赛事的可行性和必要性进行评估论证。例如，钟秉枢教授等研究开发的“体育赛事品牌传播价值与商业开发价值评估系统”属于体育赛事赛前评估的一个方面，主要对不同级别、不同性质的体育赛事的品牌传播价值与招商价值进行量化评估，主要应用于体育赛事的组织与招商工作及体育赛事赞助商的赞助运作之中。

二、体育赛事赛前评估的必要性

第一，体育赛事中存在各种不确定性因素，使赛事风险相应增加。如果没有在体育赛事运行前进行必要的论证评估，就有很大的隐患，很可能会造成一定的人力、物力和财力的浪费，满足不了各利益群体的需求，在社会上造成负面影响。

第二，体育赛事赛前评估不仅是赛事组织者获得项目融资的凭证和依据，更是政府机构开展宏观经济管理的手段和方法。正是因为体育赛事具有特殊性、综合性、不确定性、制约性等特征，所以需要体育赛事赛前评估将与体育赛事有关的市场需求、资源、技术、财务、社会等方面的数据资料和实际相结合汇集呈现给决策者，使决策者能够做出正确合理的决策，为体育赛事的成功举办奠定基础。

三、体育赛事赛前评估的目的

其目的是判断举办体育赛事是否必要，应着重从以下几方面进行分析论证。

（1）从体育赛事的市场前景看，评估体育赛事是否受到大众的关注和喜爱，体育赛事的水平、投入与赞助等方面在市场中有无潜力等。

（2）从社会效益看，评估体育赛事对文化教育的影响，是否满足人民文化娱乐的需求，是否对当地人民生活产生影响，是否对社会环境造成影响等。

（3）从国家安全和社会稳定看，评估体育赛事是否能得到政府和领导的认可，是否能符合政府有关部门的规定，能否通过有关部门的审查等。

（4）从自然环境看，评估举办地是否符合体育赛事所需要的自然环境和气候，如帆船运动需要在开阔的海面上进行，距海岸应有 0.5~2 千米。

四、体育赛事赛前评估考虑的因素

（一）举办体育赛事的物质条件

具备必要的举办体育赛事的物质条件是体育赛事顺利举办的基本保证。举办体育赛事的物质条件主要围绕体育赛事的地理环境、工程建设和场馆状况展开。

第一，体育赛事举办地环境和场馆条件的评估：体育赛事选择场地的地理环境是否符合体育赛事专项比赛的要求和条件等。

第二，体育赛事比赛条件的评估：主要根据各赛事的比赛特点进行，评估的内容与重点根据赛事项目的不同而有所侧重。例如，田径赛事评估重点是检查比赛场地、器材是否符合国际田联有关的要求，乒乓球比赛则重点评估场馆、灯光、场地等方面。例如，乒乓球比赛物质条件包括以下几点。①场地要求：比赛空间应不小于 14 米长、7 米宽、5 米高，应由 75 厘米高的深色挡板围起。②光源要求：光源距地面不得少于 5 米。从台面高度测得的照明度不得低于 1 000 勒克斯，场地四周应为暗色。③球台要求：比赛台面是与水平面平行的长方形，长 2.74 米，宽 1.525 米，离地面高 76 厘米。④球网要求：整个球网的顶端距台面为 15.25 厘米，网长为 183 厘米。⑤还有球和球拍的具体要求和规定。

例如，北京 2008 年奥运会申办委员会在申报报告中阐述了国家或地区及候选城市特点、法律、海关和入境手续、环境保护与气象财政、比赛赛事、奥运村、医疗卫生服务、安全保卫、住宿交通、技术、新闻宣传与媒体服务等。这些为体育赛事赛前评估内容提供了参考。

（二）举办体育赛事的其他条件

从观众需求来看，参与型的观众希望可以从体育赛事中获得娱乐和观赏的体验，感受激烈的场景和成功的喜悦。所以，最好举办以满足公民需求为目标、促进全民健身活动开展的体育赛事。

从社会体育赛事参与者来看，由于赛事涉及的人员广泛，受到不同的政治、经济、文化因素的影响，这些因素中任何一个环节都有可能导致风险的发生，因此对体育赛事进行风险评估也是非常必要的。应在对体育赛事相关人员系统分析的基础上尽可能找出所有可能存在的风险源，然后以提问的方式将这些风险因素列在表中，为体育赛事事前评估提供参考。

第二节　体育赛事的选择

一、体育赛事选择的原则

（一）有利性原则

有利的体育赛事可以拉动当地旅游业，带动相关产业发展。在赛事的选择上不仅要考虑赛事的商业价值、经济效益，还要从长远考虑，制定战略发展规划，并根据实际情况进行调整。

从赛事利益相关者的角度来说，赞助商期望以最低的赞助金额获取赞助回报的最大化，而所有权人则期望以较少的赞助获取较高的赞助金额回报，所以需要协调好举办地政府、所有权人和赛事主办机构三方的利益。

（二）条件可行性原则

一项体育赛事的举办需要因地制宜，毕竟，在任何一个地区举办任何一种体育赛事都是需要经济投入的。从国际重大体育赛事的经验来看，承办体育赛事应力求社会效益、经济效益的最大化。要在体育赛事基本设施和配套设施建设过程中，重视自然生态环境保护，实现资源、环境的创新整合及发展。这也是承办体育赛事促进城市建设发展的重中之重。

（三）风险最低化原则

大型体育赛事的风险错综复杂，在进行赛事选择时风险管理人员需要运用有关的知识和方法，系统、全面地发现损害大型体育赛事的风险源，并对潜在的或显现出来的风险进行甄别，在举办体育赛事的过程中，要将给体育赛事造成损失的风险降到最低，确保体育赛事顺利举办。

二、举办方对体育赛事选择的需求

（一）政府机构对体育赛事选择的需求

政府机构对体育赛事的选择，通常是将体育赛事视为公共产品或者准公共产品，对其社会效益与经济效益综合考虑后进行决策。公共产品是指可供社会成员共同消费的产品。这些产品在每一个社会成员消费时不会导致其他社会成员对该产品的消费减少，即具备非排他性和非竞争性的产品。准公共产品则是指具备非排他性和非竞争性两个特点中的一个，另一个不具备或不完全具备，或者虽然两个特点都不完全具备，但却是具有较大的外部收益的产品。

体育赛事不仅能够促进举办地体育事业的发展，还能调整社会产业结构，促进餐饮、传输通信、媒体电视、商贸旅游、宾馆服务、交通运输等第三产业的发展，并且能提供就业机会，促进市政建设，展示地区形象，改善投资环境，以及促进文化发展等。因此，体育赛事，尤其是大型综合性体育赛事绝不仅仅是一场体育竞赛的概念，更是一个对举办地社会各方面都将产生效益和影响的社会事件。由非政府机构举办体育赛事，很难获得广泛的社会效益或者影响。这正是政府机构成为体育赛事选择、申办及运作管理中活跃角色的根本原因。政府机构在选择体育赛事的过程中会着重考虑以下几个方面的因素。

1. 地区的体育传统因素

不同体育项目在不同地区受欢迎程度是不同的，也影响相应地区体育项目的竞技水平和市场环境。因此，政府机构在选择体育赛事时，需要考虑当地的体育传统因素。例如，广州选择申办2009年“苏迪曼杯”，其原因之一在于广州羽毛球竞技水平较高，群众基础广泛，羽毛球市场环境良好。2002年在广州举办的“汤尤杯”，观看电视直播的有1.1亿人次，现场观众达5.5万人次，并且广州曾先后举办了2000年世界青年羽毛球锦标赛、2000年全国羽毛球锦标赛、2002年“汤尤杯”世界男女团体羽毛球锦标赛、2003—2007年中国羽毛球国际羽联大奖赛等高水平的国际大赛和国内颇具影响力的羽毛球赛事。这些都表明广州具有良好的羽毛球传统，有利于赛事的申办和运作。

2. 地区的地理及人文因素

除体育传统因素外，政府在进行体育赛事选择时，还应根据赛事本身的特点，结合当地的地理、人文等因素。这与能否办好一个赛事、带来相关的社会效益与经济效益也有很大的关系。在风光美丽、地势平坦的沿海旅游城市厦门举办马拉松比赛肯定比在建筑林立、空气混浊的工业城市合适；举办龙舟比赛，岳阳自然能在地理和文化传统上更胜一筹；近年来，在四川省境内举行的各种形式的山地户外挑战赛，也是借助地理上的优势。又如，环青海湖国际公路自行车赛（以下简称“环湖赛”），从2002年开始举办，每年的6—8月在青海省的环青海湖地区和邻近的甘肃省及宁夏回族自治区举行。经国际自行车联盟批准，环湖赛为2.HC级，是亚洲顶级自行车公路多日赛，也是世界上海拔最高的国际公路自行车赛。环湖赛是中国规模最大、参赛队伍最多、奖金最高的国际公路自行车赛。环湖赛高海拔、长距离、多爬坡的特点，使比赛尤为精彩，观赏度高。环湖赛比赛线路设计以碧波浩瀚、鸟翼如云的青海湖为中心，并向周边地区的青海东部农业区、青海西部牧业与荒漠区、青南高原高寒草甸草原区、甘肃河西走廊、宁夏黄河金岸等地区延伸，沿途自然风光雄奇壮美，旖旎迷人。由人民体育、人民网舆情监测室联合发布的“2015年最具影响力自行车赛事排行榜”中第14届环湖赛位列榜首，“2016年最具影响力自行车赛事排行榜”中第15届环湖赛排名首位，“2017年最具影响力自行车赛事排行榜”中第16届环湖赛排名首位，这也是环湖赛连续第三年拔得该榜头筹。环湖赛也正是依靠其自然优势，提高了其知名度。

3. 地区的经济实力因素

地区的经济实力既包括政府拨款数额，也包括当地的整体经济发展水平、人们的消费能力等。体育赛事崇尚平等，不分贵贱，但和其他的产品与服务一样，面对着不同的消费群体。诸如高尔夫球、赛车这样的体育赛事面对的通常是高消费群体，门票昂贵，而足球、篮球、排球等比赛所面对的社会群体覆盖面则相对广泛，其门票价格也能为普通大众所承受。例如，全运会是国内最大规模、最高规格的综合性运动会，不是每一个城市都有经济实力可以承办，国家甚至曾经规定只能由北京、上海、广东三地轮流举办。

随着我国经济、社会的不断发展，国务院于2000年年底批示，同意取消全运会由北京、上海、广东三地轮流举办的限制，允许有条件的省、自治区、直辖市申请举办全运会。第10、第11、第12、第13届全运会便分别在江苏、山东、辽宁、天津举办。全运会举办城市的选择，也正是综合申办城市的经济实力选择，当然作为申办城市，在选择申办体育赛事的时候，也必须要综合考虑自己的承办能力。政府在选择体育赛事时，要特别注意防止出现“一届政府办赛，三届政府还债”的现象，防止由于搞“形象工程”“政绩工程”而导致的财政负债。

（二）非政府机构对体育赛事选择的需求

非政府机构主要包括企业、事业单位及社会团体。非政府机构根据其组织目标可划分为非营利性机构和营利性机构。非营利性机构如社会团体，选择体育赛事时其动机与政府机构有类似之处，即以社会效益为首要目标，但考虑的范围和程度有所不同，涉及的社会领域更为具体，如残疾人协会对体育赛事的选择主要考虑的是推动残疾人事业的发展，而环境保护协会对体育赛事的选择则重点思考如何宣传环境保护意识，促进环保事业发展。尽管非营利性机构不以营利为目的，但其生存与发展也需要资金保障，因此，非营利性机构在选择体育赛事时也必须兼顾经济效益，至少需要保持赛事运作收支平衡。

营利性机构主要是指企业，根据资本组织方式不同分为独资企业、合伙企业、公司。企业经营的最终目标是获得利润。这决定了企业在选择体育赛事时首要目标是经济效益，即期望通过赛事的运作获得利润。现代社会法制建设的逐渐完善、市场经济的公平竞争以及公众对企业社会公民意识的强调，也约束和限制着企业“唯利是图”的行为，使其必须遵守一定的法规、制度及规则。因此，企业在选择体育赛事时不可忽视社会效益。

政府机构在选择体育赛事时所考虑的是体育传统、地理人文、基础设施、经济发展水平及大众消费能力等因素。这些同样也是非政府机构在选择体育赛事时需要考虑的因素。除此之外，非政府机构在选择体育赛事的过程中还需要着重考虑以下 3 个方面的因素。

1. 政府对该项体育赛事的态度

体育赛事尤其是大型体育赛事，已被公认为“社会事件”，其运作管理必然涉及各项政府职能，如城市交通、社会安全、市政建设等。政府机构选择某项体育赛事时，意味着它对该项体育赛事持有正面积极的态度，尽管在体育赛事运作管理中，协调政府内部上下级以及平级部门关系也是相当复杂的工作，但一般不至于产生对体育赛事具有“颠覆性”的决策或行为。而非政府机构在选择体育赛事时，必须考虑政府对该项体育赛事的态度。如果政府对体育赛事不认可或者态度不明确，则意味着体育赛事运作可能会有相当大的风险。因此，非政府机构在选择体育赛事时需要了解政府对体育赛事的态度，并尽可能地寻求政府对体育赛事的支持。

2. 该项体育赛事运作的现金需求

政府机构与非政府机构在选择体育赛事时都需要评估体育赛事运作所需要的资金，衡量自身的财务状况能否支撑体育赛事的运作，以及评估、预测赛事的成本和效益。但对于非政府机构而言，需要比政府机构更多地关注体育赛事运作所需要的现金流。这里的现金流不仅指现金的总量，还包括现金的分布。某项体育赛事从运作的整体而言，极有可能获得良好的经济效益，但在体育赛事运作前期需要投入巨额启动资金，而体育赛事收入大部分在体育赛事运作后期才能产生。这意味着体育赛事前期几乎只有现金流出，而没有现金流入。这对于政府机构而言不一定是难题，但对于非政府机构，尤其是营利性机构来说却可能是生死攸关的问题。如果一个公司选择某项体育赛事，获得了体育赛事的承办权，却在体育赛事运作过程中遭遇资金瓶颈，而又无法及时融资，那么不仅仅是体育赛事不能顺利运作下去，公司也可能陷入财务困境。

3. 体育赛事运作的人才与经验

无论是政府机构还是非政府机构运作体育赛事，都需要适宜的人才与相关的经验，但由于政府机构在调配人力资源上具有相当大的优势，因此这个因素在政府机构选择体育赛事的过程中并非突出问题，而非政府机构则很难在较短时间内借调或者招募到合适的赛事运作人才。如果一个企业在已经获得体育赛事承办权后，才开始寻找体育赛事运作管理人选，将处于十分被动的局面，轻则导致人力成本增加，延误体育赛事运作，重则导致用人失准，体育赛事运作失败。因此，对于非政府机构而言，必须在体育赛事选择的过程中，就对自身是否具备体育赛事运作人才与经验进行权衡，及早寻找解决人才与经验不足问题的有效途径。

第三节　体育赛事的申办

一、体育赛事申办的概念

体育赛事申办就是某一国家、地区、城市或组织为了获取体育赛事的举办权而根据体育赛事所有权方的规定和要求所开展的一系列活动的过程。不同的体育赛事，其赛事所有权方并不相同，申办程序也不尽相同。通常情况下，级别低、规模小的体育赛事，程序相对简单；相反，级别高、规模大的体育赛事，程序则相对复杂和规范。

本书所研究的体育赛事申办程序，只针对如奥运会等定期在不同地点举办的体育赛事。对于固定在某一地点或多个地点举办的赛事则无需这个程序。因此，这个程序是选择性的。

国际上对体育赛事的申办出现在 1984 年洛杉矶奥运会之后。以彼得·尤伯罗斯为首的运营团队在 1984 年使奥运会首次盈利后，奥运会与其他各类体育赛事都成了激烈追逐的对象。夏季奥运会是全球最大型的体育赛事，它的申办涉及的过程与要素是最全面的，因此该体育赛事的申办可作为其他体育赛事申办的重要指南。虽然很多赛事不如奥运会的申办过程这样复杂，但是对一个复杂的体育赛事进行全面了解后再进行简单的体育赛事申办，会更加容易。

二、体育赛事申办流程

本书结合北京奥运会申办的具体时间节点，从中梳理申办的步骤。

1999 年 8 月之前，申请城市要交付国际奥委会 15 万美元的申办费用。

2000 年 2 月 24 日，国际奥委会举行申请城市联席会议，公布 2008 年夏季奥运会的申办新规定和 22 项提问。

2000 年 2 月 25 日—6 月 20 日，所有有意向的申请城市研究申办的规定并回答国际奥委会的提问，于 2000 年 6 月 20 日前向国际奥委会提交答卷。

2000 年 8 月 28—29 日，国际奥委会讨论并宣布申办城市，分别是中国北京、法国巴黎、加拿大多伦多、日本大阪和土耳其伊斯坦布尔 5 个城市。

2000 年 9 月—2001 年 1 月 16 日，获得申办资格的城市准备详细的《申办报告》，在 2001 年 1 月 17 日，申办城市向国际奥委会提交《申办报告》。

2001 年 2 月中旬—4 月中旬，国际奥委会评估委员会考察 5 个候选城市。

2001 年 7 月 13 日，国际奥委会在莫斯科举行第 112 次全委会，申办城市陈述报告，国际奥委会委员投票表决。

本书以北京奥运会为例详细解析其申办过程，并结合 2003 年国际奥委会颁布的奥运会申办程序，主要分为以下 2 个步骤。

（一）确定申办资格

1. 预申请阶段

国际奥委会最终是将申办权给予城市而不是国家，各城市直接角逐赛事的举办权而不是它们所在的国家。在一国之内可能有多个城市有意申办，如第 30 届奥运会，美国就有旧金山、纽约、休斯敦和华盛顿 4 个城市提出申办。因此，国际奥委会会提前（距离奥运会举办年 9.5 年的时间节点）通告各国奥委会，在这个时间前向国际奥委会报告本国的申办城市，一个国家只能有一个城市。

1999 年 8 月之前，申请城市要交付国际奥委会 15 万美元的申办费用。这笔费用实质上是申办城市公开使用“2008 年第 29 届奥运会申办城市”的费用，也可以让申办城市接触奥运知识管理项目，并有资格参加申请城市联席会议。

2. 候选资格批准

预申请阶段被国际奥委会提名的城市仍然是申请城市，申请城市要完成国际奥委会的问卷，问卷一般由 7 个主题的 7 个问题组成。所有问题要求用英语与法语 2 种语言回答，并不能超过一页。文件要求非常简洁，并强调事实的重要性。另外，提名城市需要提供问卷的 50 份副本。提交的问卷由国际奥委会执行董事会领导下的国际奥委会管理机构及招募的专家进行评估。评估通过的城市，直接被国际奥委会授予候选城市资格。候选资格批准阶段需要完成的问卷须包括以下 7 个方面。

（1）申办动机、概念和公共观念。被询问的城市需要说明建设新设施的动机以及这些设施在赛后利用的长期策略，另外还需要提供地图，标出新的和已有的设施。公共观念即公众对申办赛事的支持率。城市需要提供民意测验并报告结果，特别是提供反对意见的详细信息。

（2）政治支持。提名城市需要提供政府支持状况、赛事的管理者的信息。政府、国家奥委会以及权威人士需要提供证明他们支持赛事举办的信件。

（3）财务。提名城市需要提供详细的赛事预算信息，包括政府捐助资金的数量和获取竞选资格后每个阶段的资金花费计划。

（4）比赛地点。提名城市需要提供现有的和计划中的详细比赛地点信息，包括这些比赛地点是暂时的还是永久的。其中较为重要的内容是奥运村和国际新闻中心的特别计划。

（5）生活设施。提名城市接待嘉宾、观众、运动员等奥运会参与人员的设施状况与接待能力。

（6）交通设施。提名城市被要求提供现有的和计划中的交通设施和各类交通工具的信息。其中，计划中建设的新交通设施，需要提供施工进度信息。

（7）基本状况、后勤及举办经验。提名城市被要求提供举办时预期的人口数量、气象情况、环境状况及影响、安全责任与资源等信息。国际奥委会还要求提交近年举办主要国际体育赛事的经验，特别要求列出近 10 年来 10 个主要体育赛事的名单。

（二）获得举办权

1. 提交《申办报告》

候选城市要用 6 个月的时间完成并提交一份《申办报告》文件给国际奥委会。《申办报告》具体的内容包括以下 3 个部分。

第一部分，内容包括国家（含地区和候选城市）的特点、法律方面、习俗和移民手续、气象、财务、市场营销等。

第二部分，内容包括一般体育概念、体育、残奥会、奥运村等。

第三部分，内容包括医疗卫生服务、安全、生活设施、交通、技术、通信和媒体服务、奥林匹克主义与文化、担保等。

2. 考察评估阶段

国际奥委会接受候选城市的《申办报告》，组织专门的委员会成员进行评估，成员来自国际联盟、国际奥委会和各国奥委会成员、运动员委员会和国际残奥会的代表以及国际奥委会的专家。专家开始参观所有候选城市，并将评估报告提交给国际奥委会执行董事会，经过慎重考虑与评估后正式宣布提交给国际奥委会的候选城市。提交文件被国际奥委会接受后的候选城市可以开始在全世界范围内宣传推广自己。候选资格文件为各城市提供了对先前提交的问卷内容进行加工润色的机会。

3. 投票选举阶段

国际奥委会组织全委会，每个城市都要进行申办演说，由国际奥委会进行多轮投票，最终产生一个获胜城市。第 29 届奥运会举办城市是 2001 年 7 月 13 日在莫斯科举行的第 112 次全委会上公布的。当天会议主要议程时间安排如下：

9 时—10 时，大阪市做陈述报告；

10 时 15 分—11 时 15 分，巴黎市做陈述报告；

11 时 45 分—12 时 45 分，多伦多市做陈述报告；

14 时—15 时，北京市做陈述报告；

15 时 15 分—16 时 15 分，伊斯坦布尔市做陈述报告；

16 时 45 分，国际奥委会评估委员会做 5 个候选城市的考察报告；

17 时 30 分，国际奥委会委员进行投票表决；

18 时，萨马兰奇主席宣布表决结果。

三、大型体育赛事申办的关键问题

本书以奥运会为蓝本列举了大型体育赛事申办的基本过程与工作内容。这无疑是一个十分复杂而“漫长”的过程。大型体育赛事的申办过程需要把握以下几个方面的关键因素。

（一）申办书的撰写

申办书的内容准备要非常充分，并尽量显示与其他竞选城市的区别。例如，悉尼在申办第 28 届奥运会时就在申办书中强调“绿色”理念以及对运动员的照顾理念。北京市在第二次申办奥运会时，则聘请了国际上知名的公关公司万博宣伟（Weber Shandwick）作为自己的沟通机构，显示了申办沟通的重要性。该公司在与国际奥委会沟通时，尽量将城市与政治分开，特别彰显北京与中国发生的巨大社会变化，而且强调拥有世界上最多人口的国家应有机会承办奥运会这一人类最大的体育盛会。本书结合南京青奥会的《申办报告》，阐述《申办报告》的组成部分。

第一部分为申办体育赛事的理由。例如，南京青奥会的《申办报告》："'与青奥共成长'——我们之所以要在北京奥运会之后继续申办青奥会，就是为了进一步发扬青奥会的高尚理念，推动体育运动与教育、文化和科技的更好结合，激励世界青年崇尚健康生活方式，实现健康和均衡的发展。"

第二部分为申办体育赛事城市的有利条件。南京青奥会的《申办报告》从以下方面梳理了城市办赛的优势：97% 的市民支持率，丰富和理想的文化和教育资源，发达的科技教育，坚实的经济实力，优越的地理区位，优质的旅游资源，完善的住宿、餐饮、医疗、通信等基础设施，丰富的赛会经验和高质量的服务水平。

第三部分为申办城市对体育赛事的承诺。郑重承诺申办城市完全有能力履行主办城市合同的所有义务，并且确保申办期间的所有保证得到全面、可靠的履行。

（二）利益相关者群体问题

这一阶段，申办城市需要说服利益相关者群体体育赛事的举办收益会大于成本。在设计一个沟通计划之前，通过调查研究了解各种看法是有必要的。这类研究有 2 个目的：一是提供一个基准点；二是为沟通活动提供很好的内容。例如加拿大的多伦多在申办第 26 届奥运会时，就受到了社会公众的抗议。抗议者认为，当贫穷与无家可归仍然是城市发展面临的最大挑战时，不应当把钱花在体育赛事上。虽然多伦多在当时的竞选城市中处于领先地位，但最终还是输给了美国的亚特兰大。

（三）信息的收集和分析

申办的过程实质是竞争，因此了解竞争对手是首要问题。除此之外，先前申办成功的城市的直接经验、评审专家的信息、赛事主管机构和它现有的公司合作者等信息对候选城市来说是十分宝贵的知识信息。例如，加拿大的温哥华在申办 2010 年冬奥会时就运用申办 1988 年冬奥会的卡尔加里的专家意见赢取了主办权。有学者通过对 400 个主要体育赛事的组织者的访谈与研究发现，增加成功申办机会的关键因素都与掌握较多的知识信息有关。

（四）优秀的申办团队

除了有经验的管理者外，申办团队也需要领导者与名义上的领袖。申办大型体育赛事通常会用到团队中在国家或世界上有影响力的人。如英国申办 2018 年足球世界杯时，申办团队邀请了首相卡梅伦等人加入；中国在申办第 29 届奥运会时邀请了著名乒乓球运动员邓亚萍。

（五）申办的成本管理

大型体育赛事的申办需要投入大量的资金，成本很高。申办本身是一个代价昂贵的冒险举动。申办的结果有成功与失败 2 种可能。如果失败，那么这些成本就成为"沉没成本"。从赛事经济的可持续发展角度来看，这些成本必须识别出来。申办过程中积累的经验与教训会经过评估分析作为以后申办的参考。许多城市持续申办奥运会并利用既往的经验最后取得了成功。例如，英国的曼彻斯特市先后申办了第 26 届与第 27 届奥运会，但没有成功。申办委员会对这 2 次申办的经验与教训进行了总结与反馈，为其成功申办 2002 年英联邦运动会提供了有益的借鉴。

对于申办所发生的费用有2种处理方法。一是将其当作已经计算在内的风险，由筹集的申办基金支付。因此，申办之前的各利益群体的支持就非常重要。二是通过申办本身达到目标，也就是说，申办城市将赛事的申办过程本身看作一个城市经济与社会文化发展的契机，或利用其产生积极的政治影响与利益，树立明确的目标。无论成功与否，这个过程本身就是一个有价值的计划。例如，古巴首都哈瓦那参加了第30届奥运会的申办，但从没有想过会获得申办权。该市申办策略的一部分就是促进该市旅游业的发展，还有可能为解除美国的禁运进行游说。

四、体育赛事申办的要点

本书以2002年网球大师杯赛为例阐述体育赛事申办的要点。

（一）把握赛事信息

1. 国际网球赛事简介

国际网球赛事分为4个层次和1项团体锦标赛，外加1次年终举行的总决赛，全年共计66站。其中第一层次是四大网球公开赛或称四大满贯，分别为澳大利亚公开赛、法国公开赛、温布尔登公开赛和美国公开赛。

第二层次是ATP世界巡回赛1000大师赛（ATP World Tour Masters 1000），是积分为1 000的比赛，全球一共有9站（表3–1），上海为其中一站。

表3–1　ATP世界巡回赛1000大师赛介绍表

序号	比赛名称	举办地点	举办场地	创办时间	场地类型
1	印第安维尔斯大师赛	美国加利福尼亚州印第安维尔斯	网球花园	1987	硬地
2	迈阿密大师赛	美国佛罗里达州比斯坎湾	克莱登公园网球中心	1985	硬地
3	蒙特卡洛大师赛	法国滨海阿尔卑斯省罗屈埃布兰卡马尔坦	乡村俱乐部	1897	红土
4	马德里大师赛	西班牙马德里	曼萨纳雷斯公园网球中心	2002	红土
5	罗马大师赛	意大利罗马	意大利广场	1930	红土
6	蒙特利尔网球大师赛	加拿大魁北克省蒙特利尔/安大略省多伦多	Uniprix Stadium/Rexall Centre	1881	硬地
7	辛辛那提大师赛	美国俄亥俄州梅森	林德纳家庭网球中心	1899	硬地
8	上海大师赛	中国上海	旗忠森林体育城网球中心	2009	硬地
9	巴黎大师赛	法国巴黎	巴黎贝西体育场	1968	硬地

第三层次是ATP世界巡回赛500（ATP World Tour 500），是积分为500的比赛，全世界一共有11站，北京为其中一站。

第四层次是ATP世界巡回赛250（ATP World Tour 250），是积分为250的比赛，全世界有40站。

2. 网球大师杯赛简介

1999 年以前，每年年底前举行的总决赛称为“年度总决赛”（Year End Events）。2000—2008 年，该赛事改称为“网球大师杯赛”（Tennis Masters Cup）；2009 年起又改用“年度总决赛”名称。网球大师杯赛的赛事所有权由国际网球联合会（ITF）、职业网球联合会（ATP）和四大网球公开赛成员（Grand Slam Members）三方拥有。ATP 作为全权代表负责前期操作，ITF（含四大网球公开赛成员）和 ATP 组成 10 人专门委员会（TMC Steering Committee）最终决定举办城市。

（二）确定申办策略

1. 分析竞争对手的优劣势

申请 2002 年网球大师杯赛的是澳大利亚的悉尼、美国的纽约、中国的上海和巴西的弗洛里亚诺波利斯 4 个城市。其中，澳大利亚的悉尼是 2001 年网球大师杯赛的举办城市，纽约和上海都是首次申办，而弗洛里亚诺波利斯是巴西著名网球运动员库尔腾的家乡，是第二次提出申办。

2. 制定申办口号和策略

2002 年上海抓住 ITF 想在全世界推广网球运动的战略规划，精准地提出了网球大师杯赛的申办口号和申办策略：“推动网球运动在人口众多的中国的普及和发展；上海需要国际网球运动，国际网球运动也需要上海。”

（三）谈判达成共识

当时上海方与 ATP 就具体比赛场地、商业权利分配、电视转播权归属和申办费用额度进行了谈判。

1. 比赛场地

2002 年网球大师杯赛协商的比赛场地，最终选择地处浦东的新上海国际博览中心的展览馆，展览馆拟临时搭建的比赛场地，提供 10 000 个观众座位。大师杯赛使用 2 个展览馆，一个用于安放比赛场地设施，另一个用于摆放展示、活动、餐饮等辅助设施。

2. 商业权利分配

2002 年网球大师杯赛谈判的一大重点就是赛事所有方和赛事承办方对各种商业权利的分配问题，主要涉及现场广告牌分配、产品门类分割和首席赞助商主次等问题。

3. 电视转播权归属

网球大师杯赛按照 ATP 的规定，国际和国内电视转播权都归赛事所有权方所有。如果上海能够申办成功，作为赛事举办方的上海将被对方无理索走一大笔钱，因此上海提出希望向 ATP 买下赛事国内电视转播权。历时 9 小时国内电视转播权谈判，终于双方达成了协议，ATP 满足了上海方的要求，而上海政府满足 ATP 提出的确保赛事最大的电视转播覆盖率、双方共同制作电视信号、提供一定数量的电视宣传时段 3 项要求。

4. 申办费用额度

赛事申办费用是关系到能否申办成功的关键因素之一。上海市政府为了准确做出报价，除了了解历史情况外，还着重分析了对手可能的报价。当时综合各方面的信息分析，上海方发现其主要竞争对手并不是纽约和悉尼，而是巴西小城市弗洛里亚诺波利斯。由于分析弗洛里亚诺波利斯的可能报价会在 750 万美元左右，因此上海市政府申办费用报价 760 万美元。

随后，在法国巴黎上会申办前得到证实，这一报价是十分准确的。巴西弗洛里亚诺波利斯的报价同样是 760 万美元。这样就奠定了我们获胜的基础，同时也给委员们在 2 座城市的取舍中增加了难度。

（四）参会的组织工作

1. 细节决定成败

上海之所以能从强有力的竞争对手上拿下 2002 年网球大师杯赛的举办权，离不开申办团队精细的组织工作。团队成员在陈述报告的准备、PPT 和宣传短片的制作、陈述材料的递交、礼品的准备，包括材料袋的选择等方面都下了很大功夫，给专门委员会的成员们留下了极为深刻和良好的印象。

2. 合理解答问题

2002 年网球大师杯赛陈述报告之后的提问环节中，评委会提出了一个问题：“假如不给你们办 2002 年的网球大师杯赛，而请你们办 2003 年的，你们是否同意？”对于这个看似并不复杂但其实并不简单的问题，回答既要坚持原则，又要具有灵活性，宗旨是取得申办资格。申办团队成员分 3 个层次完美地回答了该问题。

——按照章程，今天会议只讨论 2002 年大师杯赛举办权问题，而不讨论 2003 年的举办权。我方完全按照章程要求，针对 2002 年网球大师杯赛做了细致准备，中国有句老话：“今天能办的事，为什么要到明天去办？”

——第 4 届世界杯女足赛将于 2003 年在上海举办，虽然举办时间与网球大师杯赛并不冲突，但是 2 项赛事在宣传推广方面难免会发生冲突。

——综上所述，我们还是申办 2002 年网球大师杯赛。

复习思考题

1. 体育赛事赛前评估包括哪些内容？
2. 选择体育赛事时应考虑哪些因素？
3. 政府机构选择体育赛事时会考虑哪些因素？
4. 体育赛事赛前评估的作用是什么？
5. 体育赛事申办时需要提交什么材料？

第四章 体育赛事的计划

伴随着体育产业的快速发展，大型体育赛事的组织规模越来越大，体育赛事的筹备时间越来越长。社会环境的复杂多变，体育赛事筹备组织主体的多元化和主体利益诉求的多样性，致使此前所形成的大型体育赛事组织运作的路径依赖，难以适应当前的体育赛事组织规模变化和社会环境变化。大型体育赛事筹备工作是一项涉及面广、任务复杂、牵涉主体众多、有组织的筹备活动，因而必然需要有组织协调。

第一节 体育赛事计划概述

体育赛事计划是在体育赛事申办成功后，对体育赛事的总体运行所进行的复杂的规划过程。体育赛事计划的制订应该针对体育赛事的具体情况而改变。大型体育赛事筹备期短，任务重，涉及组织主体众多，组织运作复杂。对大型体育赛事筹备活动的有效协调是保证筹委会高效运作、提高体育赛事筹备绩效的关键。然而，当前有关体育赛事组织协调的研究非常少见，仅有的研究依然停留在体育赛事举办阶段赛事组织方与运动员、裁判员、国际技术官员等众多利益相关者的协调及竞赛组织系统内部的优化上，对当前以筹委会为主体的大型体育赛事的筹备组织活动的复杂性认识不足，因此，如何根据当代大型体育赛事筹备组织中出现的新特点和复杂多变的社会环境建立相应的组织协调机制便成为研究重点。

一、体育赛事计划的种类

（一）体育赛事战略计划

体育赛事战略计划是体育赛事主办方根据国家大环境、运作方内部情况等制订的把握体育赛事管理全局的计划，是为实现组织的长期目标而制订的有广泛意义的计划，通常表现为3年或5年以上的发展规划，是一系列决定组织长期绩效的管理决定与行动。

体育赛事战略计划能为体育赛事的管理制定一个宏观的目标，指出一个重要的方向。对于大型体育赛事而言，从宏观角度为赛事制订一个详尽的体育赛事战略计划，有利于为整个赛事计划指明宏观的发展方向，避免走错路、弯路。对于一些小型体育赛事，体育赛事战略计划也是必要的，但通常通过体育赛事的总体目标体现出来。

体育赛事战略计划能应用于整个体育赛事的组织，目的在于为组织设立总体的较为长期的目标，寻求组织在具体的社会、经济环境中地位的计划。体育赛事战略计划的周期较长，涉及面也较广，计划目标具有较大的弹性。制订这类计划的主要依据是国家政策等社会大环境，而社会环境往往是多变的、难以捉摸的，所以体育赛事战略计划对制订者有较高的要求。

（二）体育赛事战术计划

体育赛事战术计划是指根据体育赛事战略计划，针对体育赛事的组织与管理制订的详细实施计划。它解决的主要是在体育赛事运作中局部的、短期的以及保证体育赛事战略计划实现的问题。制订这类计划也需要根据体育赛事外部的环境、国家政策等信息，但主要还是依据体育赛事内部组织的问题来进行计划，并可以基本按照计划的程序进行，不会有太大的变化。

体育赛事战术计划具有小规模、局部性、及时性、严密性等特点。具体来说，体育赛事战术计划涉及的时间跨度比较短，覆盖范围也较窄；内容相对体育赛事战略计划而言，更加具体、明确，并通常要求具有可操作性；战术计划的任务主要是规定如何在已知条件下实现根据体育赛事总体目标分解而提出的具体行动目标。

（三）体育赛事作业计划

在完成体育赛事战略计划和战术计划制订后，计划的最终实施始终要落实到作业计划中。体育赛事作业计划是对如何完成体育赛事总体目标的细节进行制订，它会随着体育赛事的规模而发生改变。但一般体育赛事作业计划必须包括竞赛、营销、财政预算、人力资源、物资配置等管理要素，并对各个任务领域进行进一步的划分及描述。

作业计划通常是由体育赛事各部门管理者制订，用于完成其工作职责的计划。战术计划虽然比较具体，但在时间、预算和工作的具体程序上仍不能满足赛事各部门具体工作的需要。因此，必须制订作业计划。根据战术计划中确定的具体目标，确定更为详细的工作流程，划分合理的工作组织，分派任务和资源，确定权利和责任。

二、体育赛事计划的原则

（一）目的性

体育赛事计划是在体育赛事举办之前，对整个体育赛事的组织运营的总体方案。任何体育赛事计划的制订都是围绕着该体育赛事的组织目标展开的。目标是体育赛事计划各个部分内容的统领。没有目标或者目标含糊的体育赛事计划将流于形式，甚至会因为目标的不清晰而引起体育赛事运营团队中成员之间的矛盾。在进行体育赛事计划时，必须有一个明确的总体目标，并根据总目标制定相应的子目标，通过达成这些子目标来完成体育赛事运营中的各个任务，最终达成体育赛事的总目标。

（二）系统性

体育赛事计划是由一系列相关的子计划组成的一个非常庞大的系统。各个子计划有其组织的相对独立性，但又与总体的计划息息相关、相互制约、共同作用。体育赛事子计划的变化不可避免地会影响体育赛事总体计划的实施。在制订体育赛事计划时，要根据体育赛事的特点，反映出体育赛事项目所具有的基本特征，使体育赛事计划的各个部分相协调，组成一个有机的整体。

（三）动态性

体育赛事从申办、计划到最后的组织举办，一般需要较长的时间，在实施计划的过程中，很容易发生实际与计划不符的情况。在体育赛事的实施过程中，应根据体育赛事运营内外部环境的变化对体育赛事进行动态管理，使体育赛事计划能够适应体育赛事运营的总体目标与实际情况。

（四）完整性

完整性是体育赛事计划的重要原则，一个不完整的体育赛事计划在实际操作时会为体育赛事的运营带来很多不可预知的风险，也不利于人、财、物的总体安排。如果在制订体育赛事计划时遗漏了某项工作，到具体实施时再重新进行安排，就很容易打乱各个部门的人、财、物的分配，可能会造成极大的损失。在制订体育赛事计划时，一定要全盘考虑体育赛事运营的各个方面，为可能发生的风险留有一定的处理余地，使体育赛事计划富有弹性，在实施中能轻松应对各种突发事件。

（五）相对稳定性

体育赛事计划应该具有动态性，以保证赛事运营的总体目标与实际情况相吻合。但是，体育赛事计划也应该具有相对稳定性，避免有过大的变动。体育赛事计划是整个赛事组织工作的基本风向标，每个部门、每个人员都应该依照体育赛事总体计划进行工作的准备与布置。体育赛事计划经常出现较大的变动不利于整个组织规则的确定，计划将成为一纸空文，也容易造成组织内部的矛盾。

三、体育赛事计划的动因

（一）追求即时获利

即时获利就是马上获得效益。这可根据体育赛事的基本特点，从计划内体育赛事中选择项目市场化程度高、参赛选手知名度高、社会关注度大、传播面广的体育赛事进行经营；或是根据赞助商、电视台的需求自行策划计划外体育赛事进行经营。

即时获利，重要的就是快，立竿见影。现代大型体育赛事的成功举办能显著促进举办城市的经济发展。大型体育赛事赛前广泛的宣传活动和众多新闻媒体大规模的报道，会极大地提升举办地的知名度，改善其旅游形象。例如，2000 年悉尼奥运会使澳大利亚的旅游形象品牌树立了起来，极大地提高了世界各国对澳大利亚的旅游热情，对澳大利亚的入境旅游市场产生了深远的影响。体育赛事举办期间，旅游人数大量增加，其中有很大一部分游客是举办地的非传统客源。这部分新游客的到来提升了举办城市的知名度，有利于举办地通过宣传发展新的市场，进而改善举办地的客源结构。

（二）追求长远效益

追求长远效益，就是追求一种可持续发展。可根据世界及国内项目发展状况，选择一些稚嫩的项目进行长期经营。这些项目常因当前市场开发不足而成本较低，但其未来利润十分可观。此类项目主要有国外已流行但我国尚待开发的项目，如高尔夫球、网球、橄榄球、跆拳道等；还有一些新兴项目，如蹦极、滑翔、热气球等。这些项目因能迎合人们的好奇心而备受关注，并形成市场。随着“全民健身计划”的实施，许多群众性体育赛事也吸引了一些电视台、赞助商的关注，也会形成新的具有经济机会的竞赛活动。

四、体育赛事计划的要素

体育赛事计划涉及了体育赛事组织运作的各个方面。一般来说，体育赛事计划应由赛事目标、进度计划、资源计划、运行政策和程序、风险应对预案 5 个要素组成。

（一）明确合理的赛事目标

目标本身就具有激励作用。目标能把人的需要转变为动机，使人的行为朝着一定的方向努力，并将自己的行为结果与既定的目标相对照，及时进行调整和修正，从而实现目标。

体育赛事的目标，是体育赛事计划各个部分内容的基准和统领，是制订计划的前提。在体育赛事管理过程中，我们应充分重视体育赛事目标的确定，发挥其激励作用，通过清晰界定体育赛事管理目标，确保体育赛事的顺利、成功举办。

（二）科学合理的进度计划

体育赛事进度计划是表达体育赛事运作中各个工作的开展顺序、开始与完成时间及相互衔接关系的计划，直接关系到体育赛事组织的落实与进度的评估。进度计划根据实际条件和目标要求，以时间为主要量度，按照合理的顺序安排各个工作实施的日程。其实质就是把各项工作的时间估计值反映在逻辑关系图上，通过调整，使整个体育赛事运作过程，在资金预算允许的范围内平稳、有序地进行。进度计划也是物资、技术资源供应计划编制的依据。若进度计划编制不合理，会直接导致人、财、物资源使用的不均衡，直接影响体育赛事运作的效果。

（三）详细合理的资源计划

资源计划是确定开展每一项工作所需要的人、财、物等资源的计划。其中，人力资源计划，主要解决人力资源的来源及分配问题；财务资源计划，通过预先估计体育赛事的收入与支出，最大限度地保证体育赛事运作能够收支平衡甚至获得盈余；物质资源计划涉及体育赛事的场地、设备、配套服务设施等。在制订资源计划时，应充分重视环保理念，对资源进行循环利用，达到资源的有效配置。

（四）规范合理的运行政策和程序

体育赛事运行政策是以指导赛时各项工作为目的，确保其标准一致性、操作规范性的运行工作规则。而体育赛事运行程序是指为了完成某项运行任务所需的一系列步骤，是对完成该项运行任务的时间、地点、方式及相关责任方的详细界定。体育赛事运行政策和程序是落实赛事运行任务的基本遵照依据。通用运行政策和程序一经审批通过便不能随意修改调整。若确需调整，业务部门须按变更流程办理。

（五）及时有效的风险应对预案

体育赛事往往是独一无二、不可复制的，很容易受到外界环境和突发事件的影响。这些不可控的因素常常直接影响体育赛事的举办，甚至给体育赛事运作方带来巨大的经济损失。但是这些风险通过管理可以尽量避免，作为体育赛事的运作方，一定要在制订体育赛事计划时就充分考虑有可能发生的危机，并制定相应的解决方法。

第二节　体育赛事进度计划

一、体育赛事进度计划的内容

体育赛事进度计划是为了在体育赛事组织与管理的时间内，在执行计划的过程中，检查计划是否落实。在设立体育赛事目标的同时，不应忽视每个项目任务预定完成的期限，以便于体育赛事管理期间的检讨、自我控制、纠正，以及工作完成后的评定。体育赛事进度计划呈现了体育赛事组织中各项工作的开展顺序、开始和完成时间以及相互衔接的关系。体育赛事中的各项具体工作任务都是依据体育赛事进度计划中的时间指令来统一安排的。

体育赛事的规模越大，专业分工就越细，就越需要综合管理，需要有一个总体协调的工作进度计划，否则，无法有效地对整个体育赛事的运作进度进行控制。体育赛事进度计划的主要工作在于安排具有里程碑意义事件的执行时间。它可以将体育赛事的任务分解成若干个部分，全面挖掘出完成体育赛事所需的各个任务。同时，它可以评定完成各个单项任务所需要的工作时段数，统计出完成整个体育赛事运作所需的时段数。若出现偏差，可以及时地通过调整计划进行补救。

目前，举办体育赛事的目的已经不仅仅是完成体育竞赛表演的组织活动、促进体育项目的发展，重要的是通过体育赛事的举办，提高体育赛事举办地的声誉及影响力。所以，在制订体育赛事进度计划时，要尽量把体育赛事举办期拉长，扩大体育赛事对城市的宣传作用，吸引更多的游客与投资者，以体育产业拉动整个城市的旅游业、服务业的发展，刺激地区经济的增长。

二、体育赛事进度计划的方法

（一）确定里程碑事件

里程碑事件以中间产品或可实现的结果为依据，显示了项目为了达到最终的目标而必须经过的条件或状态序列事件。它表明为了达到最终的目标，需要去完成一系列里程碑式的活动。体育赛事进度计划中，可以通过列出里程碑事件来确保体育赛事重点任务的顺利完成，运用“头脑风暴法”或者“德尔菲法”确定该体育赛事管理过程中的里程碑事件。

体育赛事里程碑事件需要与体育赛事组织与管理的整体目标和计划相一致，里程碑事件选择应按照可控制、可判断的结果与标准，以便对它进行监督和控制，里程碑事件的内容应简明、易懂、实用。本书以 2008 年北京奥运会场馆里程碑事件为例，如表 4–1 所示。

表 4–1　2008 年北京奥运会场馆里程碑事件

里程碑事件	
测试赛赛前备战	
1	场馆主任层领导及核心业务口经理进驻场馆
2	场馆移入期开始（大量物资开始运入场馆）
3	全部受薪人员进驻场馆
4	临时土建工程完成
5	大量物资运入场馆完成，全部志愿者进驻场馆
6	临时系统安装完成
7	场馆移入期结束（全部物资运入场馆）

续表

里程碑事件	
奥运会（残奥会）赛前备战	
1	调整完成奥运会（残奥会）场馆运行计划
2	场馆移入期开始（大量物资开始进入场馆），场馆运行团队主任层领导及所有业务口经理进驻场馆
3	全部受薪人员进驻场馆
4	临时土建工程完成
5	大量物资运入场馆完成，全部志愿者进驻场馆
6	临时系统安装完成
7	场馆移入期结束（全部物资运入场馆）
8	残奥会转换期开始，人员、物资、空间设施系统开始转换
9	残奥会转换期结束

（二）倒排任务的时间点

体育赛事一般以比赛开始为基准点，安排赛前的各项工作任务。对于场馆运行来说，从场馆向运动员开放训练开始，没有场馆的比赛以首场比赛日为界开始即进入赛时运行期。赛时运行期从首场比赛开始到最后一场比赛结束。以此为基准点，体育赛事分为赛前备战、赛时运行和赛后恢复。以奥运会为例，奥运会跟一般比赛不同的是，在正式比赛前都有测试赛，测试阶段按照测试赛赛前备战、赛时运行、赛后恢复 3 个步骤推进工作。测试阶段从测试赛赛前 6 个月开始，至测试赛赛后 15 天结束，工作周期约 200 天。表 4–2 是 2008 年北京奥运会场馆里程碑事件倒排时间点。

表 4–2　2008 年北京奥运会场馆里程碑事件倒排时间点

	里程碑事件	倒排时间点
测试赛赛前备战		
1	场馆主任层领导及核心业务口经理进驻场馆	测试赛前 90 天
2	场馆移入期开始（大量物资开始运入场馆）	测试赛前 60 天
3	全部受薪人员进驻场馆	测试赛前 30 天
4	临时土建工程完成	测试赛前 9 天
5	大量物资运入场馆完成，全部志愿者进驻场馆	测试赛前 7 天
6	临时系统安装完成	测试赛前 5 天
7	场馆移入期结束（全部物资运入场馆）	测试赛前 1 天
奥运会（残奥会）赛前备战		
1	调整完成奥运会（残奥会）场馆运行计划	奥运会前 90 天
2	场馆移入期开始（大量物资开始进入场馆），场馆运行团队主任层领导及所有业务口经理进驻场馆	奥运会前 90 天
3	全部受薪人员进驻场馆	奥运会前 60 天
4	临时土建工程完成	奥运会前 15 天
5	大量物资运入场馆完成，全部志愿者进驻场馆	奥运会前 7 天
6	临时系统安装完成	奥运会前 5 天
7	场馆移入期结束（全部物资运入场馆）	奥运会前 1 天
8	残奥会转换期开始，人员、物资、空间设施系统开始转换	奥运会后 1 天
9	残奥会转换期结束	残奥会场馆开放训练首日前 1 天

从表 4–2 中可以看出，体育赛事场馆运行赛前备战工作基本到位的标志包括：

第一，场馆硬件设施设备等资源到位并通过测试运行；

第二，建立熟知运行工作并具备实践经验的场馆运行团队；

第三，组建包括各场馆在内的指挥运行体系。

为达到上述目标，应在场馆运行团队层面实施的赛前备战工作主要包括临时设施建设、物资运入、人员进驻、培训演练和相关的服务保障工作等。

（三）编制赛事进度详表

体育赛事组织者梳理出体育赛事工作关键里程碑事件，以体育赛事举办时间点为基准点倒排里程碑事件。在此基础上，不同的业务部门根据里程碑事件，编制体育赛事的赛前备战和赛后恢复期的工作任务详细计划。表 4–3 为 2008 年北京奥运会跆拳道测试赛竞赛设备、器材准备工作进度详表。

表 4–3　2008 年北京奥运会跆拳道测试赛竞赛设备、器材准备工作进度详表

序号	工作任务 / 描述	开始时间	完成时间	主责部门
1	所有设备器材到位		2 月 3 日	场馆各业务口
2	FOP、运动员热身区景观设计（包括场馆图文标识、主色调、A 形围挡、器材设备标识等）	1 月 10 日	1 月 21 日	形象景观、市场开发
3	竞赛表格	1 月 10 日	1 月 30 日	竞赛团队
4	体育器材到位安装	1 月 21 日	1 月 23 日	物流、器材赞助商
5	颁奖器材到位		1 月 30 日	物流、器材赞助商
6	竞赛各功能用房设施设备到位	1 月 20 日	1 月 30 日	技术、物流
7	竞赛各功能用房标识完成	1 月 21 日	1 月 30 日	设施
8	医疗器材设备到位		1 月 30 日	物流
9	兴奋剂检测器材设备到位		1 月 30 日	物流
10	体育展示器材到位		1 月 30 日	技术、物流
11	形象景观安装	1 月 22 日	1 月 30 日	形象景观
12	运动员、技术官员指南制作	1 月 14 日	2 月 20 日	竞赛团队
13	竞赛辅助器材落实	1 月 10 日	1 月 30 日	竞赛团队
14	竞赛器材设施检查验收	1 月 31 日	1 月 31 日	竞赛团队
15	竞赛器材设施复查	2 月 13 日	2 月 13 日	竞赛团队
16	成绩系统设备到位	2 月 19 日	2 月 21 日	技术、成绩
17	赛时紧急采购			竞赛团队

第三节　体育赛事资源计划

一个成功的体育赛事运作，离不开丰富的软件与硬件资源的支持。因此，预先安排的人、财、物供应计划将直接关系到体育赛事运作的时间和成本。体育赛事资源计划所解决的问题就是确定每一项工作需要哪些资源以及在各个阶段用多少资源，从而保证体育赛事各类资源的供给充足。体育赛事资源计划包括人力资源计划、资金计划、物资计划。

一、体育赛事人力资源计划

体育赛事人力资源计划是为了达到体育赛事的战略目标与战术目标，根据体育赛事组委会目前的人力资源状况，为了满足未来一段时间内办赛的人力资源质量和数量的需要，决定引进、保持、提高、流出人力资源所做的预测。体育赛事的人力资源是赛事运作的基础，为体育赛事运作的整体使命与目标提供支撑服务。在进行体育赛事人力资源计划时，应根据赛事的规模和类型制定人力资源管理的目标，根据体育赛事的组织目标，进行任务分析、描述，并规划好体育赛事中所需要的人力的数量、技能、资格、经历要求、工作时间等。（图4–1）

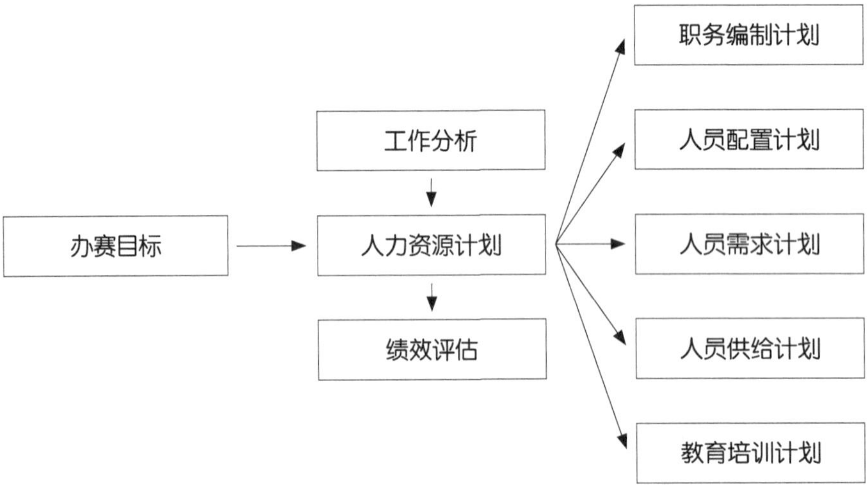

图 4–1　体育赛事人力资源计划

（一）人力资源计划的一般内容

一般的人力资源计划包括职务编制计划、人员配置计划、人员需求计划、人员供给计划和教育培训计划 5 个方面。

1. 职务编制计划

职务编制计划是根据体育赛事运作目标，综合职务分析报告的内容制订的计划。它包括体育赛事的组织结构、职务设置、职位描述和职务资格要求等内容。制订职务编制计划是描述体育赛事未来的组织职能规模和模式。表 4–4 为志愿者服务部职务编制计划。

表 4–4　志愿者服务部职务编制计划

职务	职位描述	资格要求
部长	总体负责赛事志愿者的招募、培训、管理工作，制订志愿者服务计划，协调本部门与其他部门的工作	对赛事运作有较为宏观的认识，工作认真、负责，有耐心，有良好的沟通能力与一定的外语水平
副部长	配合部长的要求具体实施管理	有一定的管理能力，工作认真、负责，有耐心，有良好的沟通能力与一定的赛事运作知识与外语水平
成员	负责志愿者招募与甄选、培训、配置与协调、激励、督导与评估	工作认真、负责，有耐心，有良好的沟通能力与一定的赛事运作知识与外语水平
志愿者	根据职务分工完成任务	自愿参加赛事的志愿服务，具备志愿者服务岗位必需的知识和英语技能，工作热情认真，态度积极，吃苦耐劳，服从组织安排，能圆满完成整个赛程的志愿者服务工作

2. 人员配置计划

人员配置计划是根据体育赛事运作需要，结合体育赛事运作机构人力资源情况制订的计划。它陈述了体育赛事运作中每个部门的人员数量、人员的职务变动、职务人员空缺数量等。制订人员配置计划的目的是描述体育赛事运作过程中人员数量和素质构成。表 4–5 为 2000 年悉尼奥运会竞赛部门的人员规模。

表 4–5　2000 年悉尼奥运会竞赛部门的人员规模

部门	人数
兴奋剂控制	5
IOC 关系和协议	51
语言服务	61
医务	16
NOC 服务	25
竞赛部	148
竞赛管理	5
竞赛政策和执行	34
体育表演	32
竞赛服务	53
总计	430

3. 人员需求计划

人员需求计划是根据体育赛事职务编制计划和人员配置计划来估算体育赛事运作过程中的人员需求的计划。人员需求应包括需求的职务名称、人员数量、希望到岗时间等。制订人员需求计划时，最好形成一个标明有员工数量、招聘成本、技能要求、工作类别，以及为完成体育赛事组织目标所需的管理人员数量和层次的分列表。表 4–6 为第 16 届亚运会首批前期志愿者需求表。

表 4–6 第 16 届亚运会首批前期志愿者需求表

部门	岗位名称	岗位任务	工作起止时间	工作方式	需求人数	招募条件
竞赛部	竞赛项目	协助竞赛项目管理及日常事务	2008 年 11 月起	临时召集	48	1. 熟悉亚运会比赛项目组织工作的专业人员； 2. 熟悉竞赛专业技术，计时记分工作
	技术支持	协助做好竞赛技术相关工作及日常事务	2008 年 11 月至 2009 年 1 月	全日制	2	中文专业，写作文字功底较强，熟悉基本的公务文件处理，大专以上
	办公室工作人员	文字整理	2008 年 11 月至 2009 年 1 月		2~3	
宣传部	官方网站内容管理项目员	1. 协助官方网站内容管理，尤其是英文网站文字的审核；2. 有关资料的翻译	2008 年 11 月至 2009 年 1 月	全日制或半日制	2	1. 英语专业，本科以上； 2. 勤奋好学，踏实肯干； 3. 遵纪守法，品行端正； 4. 工作认真细致，善于沟通协调；5. 具有团队精神且能独立开展工作；6. 身体健康
	新闻发布项目员	协助日常新闻发布工作	2008 年 11 月至 2009 年 1 月		1	具备较强的新闻、公文写作能力和应变能力
	记者接待项目员	协助记者接待工作	2008 年 11 月至 2009 年 1 月		1	具备较强英语听说读写能力和沟通协调能力
	亚运标识征集项目助理	协助征集评选中各项基础工作，整理相关资料，文件收发等	2008 年 11 月至 2009 年 1 月	全日制	2	1. 工作认真负责，细心谨慎；2. 外语、计算机专业优先
	视觉形象设计项目助理	收集、整理资料，协助处理基础设计	2008 年 11 月至 2009 年 1 月	全日制	2	1. 熟悉设计流程和相关软件；2. 男性 1 名、女性 1 名；3. 美术学院设计专业优先
	项目综合与监督助理	协助进行合同文本管理、会务管理、后勤服务等工作	2008 年 11 月至 2009 年 1 月	全日制	1	1. 具备一定的公文写作能力；2. 外语、文秘专业优先
	亚运展览展示项目助理	协助策划、制订展览计划，落实展览宣传推广工作	2008 年 11 月至 2009 年 1 月	全日制	2	1. 熟悉相关设计软件的应用；2. 设计专业优先
	宣传品制作与投放项目助理	协助负责宣传品制作方案招标、制定和实施工作，以及户外广告投放等工作	2008 年 11 月至 2009 年 1 月	全日制	2	1. 熟悉广告设计；2. 工作认真负责；3. 专业不限
	宣传策划项目助理	协助文案策划、制定和活动实施、监督等工作	2008 年 11 月至 2009 年 1 月	全日制	2	1. 工作认真，有较强的执行力；2. 专业不限
信息技术部	主数据中心、信息技术监控中心协调员	检查主数据中心、信息技术监控中心机房环境的运行情况，协助工程商开展运维工作	2008 年 11 月至 2009 年 1 月	全日制	10	熟悉计算机相关操作，大专（含在读）以上；多批次，赛时 24 小时轮班
	指挥调度中心协调员	检查指挥调度中心平台环境的运行情况，协助工程商开展运维工作	2008 年 11 月至 2009 年 1 月	全日制	10	

4. 人员供给计划

人员供给计划是人员需求的对策性计划，主要包括在体育赛事组织过程中人员供给的方式、人员内外部流动政策、人员获取途径和获取实施计划等。人员供给计划通过分析往年劳动力人数、组织结构以及人员流动、年龄变化和录用等资料，预测未来某个特定时刻的人员供给情况。预测结果勾画出体育赛事组织现有人力资源状况及未来在流动、淘汰、升职以及其他相关方面的发展变化情况。表 4–7 为一般体育赛事人员供给计划表。

表 4–7　一般体育赛事人员供给计划表

部门	赛前 1 年供给人数	赛前 6 个月供给人数	赛前 3 个月供给人数	赛前 1 个月供给人数	最多供给人数
办公室	2	4（2）	6（2）	8（2）	8
竞赛部	2	4（2）	7（3）	10（3）	10
大型活动部	5	9（4）	12（3）	15（3）	15
贵宾接待部	0	0	4（4）	8（4）	8
总计	9	17（8）	29（12）	41（12）	41

注：（ ）内为必要的时候可以增加的人数。

5. 教育培训计划

为了提升体育赛事组织者、工作人员的素质，适应体育赛事运作的需要，对相关人员进行培训是非常重要的。教育培训计划包括培训政策、培训需求、培训内容、培训形式、培训考核等内容。

二、体育赛事资金计划

资金是体育赛事运作的重要保证。能否充分利用资金、能否对资金的使用进行合理规划直接关系到体育赛事运作的成败。在体育赛事资源计划中，对体育赛事资金做总体的分配计划是首要任务。体育赛事资金计划一般指体育赛事资金的预算。它包括成本计算、收入评估和财政资源分配 3 个部分。对于大型体育赛事，由于组织部门众多，可以由每一个部门单独预算，计算出可能的最大花费，并为可能遇到的风险留出流动资金的预算。

（一）体育赛事资金预测

资金预测是体育赛事资金计划的基础工作，预测的目的是有助于应变。其结果不仅是一个资金的数字，还包括对未来各种可能前景的认识和思考，以及可以提高体育赛事运作机构对不确定事件的反应能力，从而减少不利事件发生带来的损失，增加有利机会带来的收益。

体育赛事资金预测的内容通常包括销售预测、资金需求预测和利润预测。其中，销售预测是根据过去的销售情况和市场未来需求对销售量进行的预测。资金需求预测是资金预测的重要组成部分，也是体育赛事运作机构合理筹集资金的基础环节。而利润预测则直接反映了经济主体的经济效益和财务成果。

（二）体育赛事资金预算

资金预算是体育赛事管理者必须认真策划的一项计划，是协助实现财务目标的重要工具。我们可以把预算看作地图，它会引导管理者达成所寻求的目标，但是为了达成这个目标，必须做到有计划、有步骤且时时更新信息。体育赛事财务中最具挑战性的部分就是编制预算，因为整个预算程序一般只是在有限的信息和假设的基础上展开的，通常可以考虑以下 2 个方面。

1. 财务历史数据

可以参考以前的预算，再加上所需要的新价格和通货膨胀因素，对费用和收入进行必要的调整，制订出相对精确的预算来指导体育赛事的工作。事实上，如果以前没有举办过体育赛事，那么制订预算时需要做更多的调查研究，对预期收入做出比较切合实际的估计。

2. 宏观经济环境

无论是国际性的大型体育赛事，还是当地举办的各种小型体育赛事，一般经济环境对体育赛事的成功举办都有一定的影响。强劲而健康的经济指数中一般包括平稳的通货膨胀指数和较高的零售价格指数等。在最终预算报告确定之前，最好听取当地经济学家或政府部门代表对经济趋势的看法。

三、体育赛事物资计划

体育赛事物资计划是体育赛事组委会根据体育赛事组织运作中各阶段物资的从属与数量关系，以每个物品为计划对象，以完成任务的期限为时间基准倒排计划，按前期长短区别各个物品下达计划的时间先后及数量要求的计划。

（一）体育赛事物资计划的内容

一般来说，体育赛事运作所需的基本物资包括消费者供给、体育赛事产品生产供给、赞助商供给。

消费者供给是指体育赛事主办方在体育赛事举办过程中为嘉宾、观众所提供的礼遇或服务，如门票销售、问询服务、公共交通服务等。它是体育赛事服务质量的重要内容。公共交通服务是体育赛事物资配置中的一个重要问题，与体育赛事礼遇相关，也直接影响观众的印象。体育赛事组委会应该通过发放通行证、封闭一些道路或者提供公共接驳班车等服务，保证体育赛事的安全，方便观众的出行。目前，我国的大部分体育场馆都建设在离市中心较为偏远的地区，有公共交通，但提供的时段往往比较短，无法保证一些特殊体育赛事举行时的公共服务。例如，上海网球大师杯赛，其场馆在闵行旗忠森林网球中心。通常最精彩的网球比赛是在晚上进行，而网球比赛结果的不确定性导致赛事结束时间不定，这可能导致观赛者返程的交通出现困难。为此，赛事组委会在赛事结束后的 45 分钟内，为观众安排了接驳班车，方便观众的出行。此项服务大大提高了观众对赛事服务的满意度。

体育赛事产品生产供给是指满足体育赛事产品和服务的各种需求与提供体育赛事举办所需场地、器材等物资的供给。例如，参赛运动员的住宿、交通安排等接待工作，体育赛事场馆、器材、物资的供应等。体育赛事产品生产供给是体育赛事运作的基础，是体育赛事后勤保障的重要组成部分。在制订体育赛事资源计划时，应充分考虑体育赛事运作过程中各方的需求，保证体育赛事服务、物资的充足供应，并避免公共资源的流失。在制订体育赛事产品生产供给计划时，可以充分利用计算机及软件技术的力量，达到体育赛事物资的合理、有效配置。2010 年广州亚运会的组织就采用了物资计划应用系统。该系统在物资计划的设计方面十分科学、灵活。它利用资源调配理论与方法，为亚组委相关部门提供科学的资源分配、平衡及调度工具，编制出合理的资源计划。

赞助商供给是指体育赛事主办方在体育赛事举办过程中为体育赛事赞助商所提供的服务与物资的供给，是赞助商回报的重要组成部分。其具体包括安排赞助商代表的住宿、饮食、交通服务，提供相关赛事纪念品等。

（二）体育赛事物资计划的方法

体育赛事物资通常按照体育赛事职能部门的分类进行计划与管理，与体育赛事的资金预算相联系。体育赛事运作各部门在提交工作计划时，会针对本部门的工作做相关的预算，列举出本部门在完成任务过程中的物资需求，并根据需求，最终形成每个部门的物资采购计划表作为该部门的物资计划。表 4–8 为志愿者服务部物资采购计划表。

表 4–8　志愿者服务部物资采购计划表

序号	物资名称	用途	单位	数量	备注
1	矿泉水	工作人员、志愿者用水	瓶		
2	盒饭	工作人员、运动员用餐	个		
3	服装	志愿者服装	套		
4	创可贴	医疗用品	张		
5	酒精棉球	医疗用品	瓶		

复习思考题

1. 体育赛事计划制订的原则有哪些？
2. 体育赛事计划的要素有哪些？
3. 体育赛事资源计划包括哪些重要内容？

第五章　体育赛事的竞赛管理

第一节　体育赛事竞赛管理概述

一、体育赛事竞赛管理的概念与目标

体育赛事竞赛管理是指体育赛事竞赛的组织管理者采用一定管理手段与方式整合人、财、物、信息、技术等资源，以最大限度地发挥资源的物质保障作用，实现体育赛事竞赛组织目标的特殊活动。

体育赛事竞赛管理的根本目标在于创造精彩体育赛事，同时为体育赛事欣赏者提供物有所值的赛事产品及服务。为实现体育赛事竞赛组织的目标，体育赛事竞赛经营管理者需要运用一定的知识、技能、方法、手段以及策略和措施等实施管理工作。体育赛事竞赛的资源包括人、财、物、信息、技术等。这些资源是实现不同体育赛事竞赛组织目标的重要条件和保障。体育赛事竞赛管理者的重要任务在于通过有效的管理方式，整合这些资源，以发挥它们的最大作用，为实现体育赛事竞赛的目标服务。

二、体育赛事竞赛管理的特点

（一）规范性

根据国际单项体育联合会关于运动项目的竞赛规定和竞赛指南，每个比赛项目都有相对完整的竞赛组织规定。在体育赛事组织期间，竞赛管理过程是严格按照规范性的文件进行操作的。

（二）周期性

体育赛事竞赛管理过程是从体育赛事的前期筹备开始运行的，从派发有关竞赛的参赛通知、回收参赛运动员反馈，到进行竞赛编排等，贯穿整个体育赛事的筹备过程。在体育赛事举办期间，运动员参赛过程和竞赛成绩的统计、发布等工作都具有周期性的特征。

（三）项目性

体育赛事竞赛管理的每一个环节都具有项目的典型特征，综合性运动会这一特征更为明显，要将所有的竞赛项目根据实际要求进行项目分类，并指派专门项目组成员进行统一的管理和分工合作。

三、体育赛事竞赛管理的体制

体育赛事竞赛的综合管理部门为国家体育总局竞技体育司，其体育赛事管理的职能为拟定体育赛事竞赛管理制度，指导、组织、协调国内体育赛事竞赛的举办工作，组织国际重大赛事的备战与参赛工作，承担有关竞赛审批的工作。竞赛的专门管理部门为国家体育总局相关运动项目管理中心，如足球运动管理中心、篮球运动管理中心等。其主要职责为统筹管理运动项目的全国竞赛，制定并实施相应运动项目的全国竞赛制度、规则等，负责运动员、裁判员、教练员的注册与等级管理，组织运动项目的国际参赛工作，承担在国内举办的项目国际体育赛事竞赛的审批、指导与组织工作。

竞赛管理体制指的是运动管理机构的设置、责权和利益分配等相关制度的总称。竞赛管理体制决定着竞赛管理的目标，起着先决性和方向性的作用。目前，世界范围内的竞赛管理体制按其性质、内容、结构和权力归属的差异，一般分为政府管理主导型、社会管理主导型、政府与社会管理结合型 3 种。政府管理主导型的代表国家是中国，社会管理主导型的国家是美国，政府与社会管理结合型的代表国家是德国。

（一）政府管理主导型体制

政府管理主导型体制主要是由政府设立专门机构管理运动竞赛事务的管理制度。这种体制一般由政府直接设立管理运动项目训练和竞赛的部门，对运动训练和竞赛进行宏观和微观的管理，权力相对集中。它的优点是可以集中有限的资源实现预期的目标，周期相对较短，当然，它的缺点也显而易见，抑制了社会资源的效力，特别是在当今运动竞赛管理层次不断提高、规模不断扩大，国家财力相对紧缺的情况下，可能阻碍运动竞赛的进一步发展。

（二）社会管理主导型体制

社会管理主导型体制是由社会体育组织管理运动竞赛事务的管理制度。这种体制下，政府一般不直接设立专门的管理机构，而是充分利用市场的作用。政府体育管理机构的主要作用是使用法律、法规、政策等间接手段宏观管理运动竞赛活动。这种体制管理权相对分散，社会体育管理组织有相对较大的权力，可以调动社会力量参与体育赛事的竞赛管理过程，管理效益相对突出。但是，这种体制也存在一定的缺陷，比如，缺乏全局性的协调和多头管理，存在多方利益的冲突现象等。

（三）政府与社会管理结合型体制

政府与社会管理结合型体制是由政府和社会体育组织共同管理运动竞赛事务的管理制度。其特点是政府设立专门的部门，主要对赛事的竞赛活动进行宏观管理，如制定政策、协调和监督职能等，而社会体育组织根据国家的政策、方针负责竞赛微观的具体管理业务，如制定竞赛规章制度和组织比赛等。政府与社会管理结合型体制是否可以发挥竞赛管理较好的效益主要是看宏观管理和微观管理能否有机结合，责、权、利能否明晰划分。

第二节 体育赛事竞赛管理的内容

体育赛事竞赛管理的内容主要分为人员的管理、物资的管理与资金的管理3个方面。

一、人员的管理

在体育赛事中，由于岗位和角色的不同，因而涉及运动员、教练员、裁判员、志愿者、观众、记者和组织管理人员等，本节主要探讨裁判员、运动员、观众、记者、志愿者的管理。

（一）裁判员的管理

裁判员是体育竞赛过程中，依据竞赛规程和竞赛规则，评定运动员或运动队成绩、胜负和名次的人员。通常认为，裁判员是体育赛场上的法官，场上所发生的一切将由裁判员判决。裁判员有各种名称，如总裁判长、副总裁判长、主裁判、裁判员、巡边员、检查员、检察员、发令员、记时员、风速测量员等。裁判员按技术等级分为国际级、国家级、一级、二级、三级。不同的分工，裁判员的职能不同。竞赛工作顺利与否，裁判员起着举足轻重的作用。

1. 现行裁判员管理体制

国际上，各国际单项体育联合会将在国际体育比赛上担任裁判员工作的，确定为国际级裁判员，不同的项目管理裁判员有所不同，有的项目还将国际级裁判员分为国际A级、国际B级甚至国际C级。裁判员的管理由国际单项体育联合会下设的技术委员会负责，其工作主要有确定国际级裁判员的发展规划、管理制度的制定和裁判员的培训、考核和聘用等。

现在国际上主要通过定期的考核和严格的考核制度来保证裁判员的质量。采用的方式一般是每隔几年组织一次考核，来重新确认国际级裁判员的资格。较严格的项目，在考核的同时，还将限制名额。例如，国际足联规定每年一次考核，对我国最多承认7人为当年度的国际级裁判员。这些人可以被聘参加国际比赛的裁判员工作。这种管理方式，废除了裁判员终身制，促使裁判员不断地学习业务，吸收新的知识，以提高裁判员的能力，确保裁判员队伍整体水平的提升。

我国裁判员的管理以全国各单项运动协会裁判委员会为最高机构，制定全国裁判员队伍的发展规划、方针政策，负责国家级裁判员的培养、考核和使用，推荐、申报国际级裁判员，授予一级裁判员审批权限，选派裁判员参加全国比赛和一些国际比赛等工作。各省、自治区、直辖市也设各单项运动协会裁判委员会，负责制定本地区或本系统的裁判员队伍发展规划、方针政策，审批一级裁判员以及推荐、申报国家级裁判员等工作，二、三级裁判员工作由地（市）、县体育局负责。直属体院、解放军、部分行业体协可负责本系统一级以下各级裁判员的工作。各级裁判员参加相应的比赛裁判工作。这些都有严格的规定。各级单项运动协会裁判委员会对所管的裁判员进行政治品德和业务能力的考核、评定。

2. 裁判员管理的要求

裁判员是保证体育竞赛顺利实施的不可缺少的重要组成部分。裁判员管理的最主要任务就是要组织和培养一批德才兼备、技术全面、高质量、高水平的裁判员队伍，不断适应国内外体育竞赛的裁判员工作，确保竞赛的顺利进行，促进体育事业的发展。

（1）必须建立和完善各项管理制度。

我国体育裁判员队伍至今仍是由社会各阶层组成的，要管理好裁判员，必须要按制度办事，建立健全各项规章制度。

①学习制度。当今，竞技体育水平发展异常迅猛，竞赛规则也经常修改，需要裁判员加强平时的学习与钻研。同时管理部门也要及时组织裁判员交流经验，互通信息，不断提高裁判员业务水平。针对举行某一次比赛，裁判员管理部门和大赛组委会要抓住赛前的时机，一是组织裁判员有目的地学习规则、规程，二是熟悉场地，统一认识，统一判决尺度，进行分工，组织临场实践，研究比赛中可能出现的问题。

②考核制度。裁判员是竞技场上的“法官”，如何裁决将影响到运动员运动技术的发展和运动员水平的提高。因此，各级裁判员组织必须严把考核关，建立考核制度。裁判员不仅要精通业务，熟悉规则，而且更重要的是，要培养裁判员秉公执法，为运动员服务的思想。为达到这一目的，重大竞赛组委会可要求裁判员管理部门在赛前举办有关裁判员培训班，并组织一定形式的理论和实践考核，在此基础上，遴选出一批业务能力强、执法水平高的人员参与竞赛裁判员工作，以保证裁判员的执法水平。

③奖惩制度。在管理裁判员时，应建立奖励制度。对在裁判员工作中表现突出、思想端正、业务水平强的裁判员要及时表彰。一般一次大赛结束后，应在对裁判员工作进行总结的同时，对表现突出的裁判员应予以表彰。对在裁判员工作中出现的不正之风和有意错判、漏判等现象，应建立惩罚制度。一旦发现，就照章办事，严厉批评；情节严重的，要降级或撤销裁判员技术等级；严重者将受到刑事处理。

（2）建立裁判员档案。

各级裁判员管理部门应建立裁判员档案，建立裁判员基本情况的数据库，逐步实行现代化管理，对管辖范围内的各项目裁判员做到心中有数。可对裁判员参与比赛的执法情况及表现都一一记载，作为其晋升等级、评优的基本依据之一。

（二）运动员的管理

运动员是体育竞赛活动的主体，为此，必须强化对运动员的管理。竞赛的承办单位要在有效保障运动员在竞赛期间吃、住、行的前提下，为运动员在竞赛中发挥水平、取得理想成绩创造条件。

对于重大体育竞赛来说，竞赛的主办方都会采取一切办法尽可能满足运动员的合理要求，同时，也会制定有关管理规章制度，加强对运动员的管理，创造各种有利条件，为运动员创造优异成绩而不懈努力。对于一般性体育竞赛而言，组织者为使管理切实有效，落到实处，一般采取分级管理的办法，即大会组委会负责各参赛队，提出统一的要求和具体的规定，并做好各队之间的协调工作，定期召开联席会议，听取意见、处理问题、改进工作。各参赛队的领队、教练员负责管理好其参赛运动员，要求运动员自觉按章办事。每位运动员都必须自觉遵守各项规章制度，为完成比赛任务、争取优异成绩而全力以赴地做好各项工作。另外，还要认真做好部分大众喜爱的体育明星的安保工作。

在体育竞赛期间，体育竞赛组织的有关部门要组织专人，重点做好新闻发布会上运动员的按时到位工作，组织好前三名运动员或运动队的颁奖工作，以及赛后兴奋剂检测的管理工作。

（三）观众的管理

竞赛本身是一种紧张而激烈的对抗，竞赛双方又各自代表一个地区或一个国家，易引起各自观众的共鸣，同时，竞赛的结果往往具有不确定性，有时瞬间就可能产生2种截然相反的结局。加强对观众的组织管理与教育，不仅是保证竞赛顺利进行的必要措施，也是充分发挥竞赛社会功能的客观要求。

1. 体育竞赛场易发生的事故

（1）观众引发的安全事故。体育竞赛的场馆作为公共场所是禁止吸烟的，但一般会在场馆的指定区域内设立吸烟区。如管理不严，则会有少数违规吸烟者，甚至会乱扔烟蒂，成为公共场所诱发火灾之隐患。还有观众认为裁判员的判罚不公而引起的骚乱，进而会出现乱骂裁判员或敲砸公共设施等行为。另外，在双方啦啦队为各自喜欢或崇拜的运动队或运动员鼓劲加油时，也会出现相互起哄、争吵和对骂，甚至发展为打架斗殴事件。

（2）突发性事件引发的安全事故。在观看竞赛过程中，时常会出现一些突发性事件。例如，因骚乱引发的踩踏事故，因犯罪分子的违法行为或恐怖活动对体育场馆的安全危害、公共场所人为纵火等原因而影响场馆安全的事件，还有地震、暴雨、飓风等自然灾害引发的灾难性事故。

2. 加强安全管理的方法

加强对观众的管理，要依靠社会各方面的力量，其中包括行政、教育、宣传、公安、司法、消防等诸多部门。对竞赛现场观众的安全管理措施有以下几种。

（1）加强对管理和服务人员的安全培训，强调以预防为主的安全管理原则。应通过培训让竞赛管理和服务人员认识到安全的重要性，认识并熟悉安全管理制度，贯彻以预防为主的自觉性，并提高处理安全事故的能力。培训的内容应涉及设施安全、人员安全、消防安全、治安安全等方面，强调以预防为主，还应该注意总结经验，摸索规律，找出容易发生安全事故的地点和时间，以便及时发现事故的苗头，采取相应的防范措施，防患于未然。

（2）做好门票的销售、分发和出入口的疏导工作。场馆举行竞赛期间，人流量较大，一是观众（占人流的90%以上），二是运动员和表演人员，三是工作人员（管理人员、裁判员、记者、来宾等）。大型赛事能吸引成千上万的观众到现场观看，如何对各类人员进行有效的管理与控制，是大型体育赛事组织与管理面临的重大课题。在竞赛开始前和结束后，能否迅速疏散现场观众将反映出承办单位组织管理能力水平的高低。通常的做法是在竞赛开始前，组织大量人员，做好提前售票、提前入场的方案。竞赛结束后，严格控制车流、人流，使其多渠道、多层次、多形式地进行有序的疏导分流。

（3）充分利用各种渠道，加强对现场观众的宣传教育。大型体育竞赛时，可通过传媒（电视、报纸或网络等）对观众进行安全知识教育。在观众观看比赛时，可以通过赛场海报、通知等方式，对观众进行比赛场馆安全通道介绍、观众进出场馆注意事项、急救电话使用和突发性事件应对方法的公告。场地示意图一般安装在赛场的入口处，指示牌、标志牌可按照其指示、标示的内容设置，安放要牢固，标明赛场的主要场地、通道、出入口、重要建筑物、公园、服务区、主要交通站点等，用不同的颜色加以区分。

（4）加强法制管理，及时制止和惩处严重违纪者，保证体育竞赛的顺利进行。对于影响、破坏体育竞赛秩序的有关人员，应轻则给予警告，严重者给予经济处罚，甚至进行刑事拘留，并追究其相应的法律责任。

（四）记者的管理

记者是指通讯社、报刊、网络、电台、电视台等新闻单位为采访某一次体育竞赛新闻和写通讯报道的专职人员。体育竞赛离不开新闻媒体的宣传报道，但体育竞赛期间必须加强对各类记者的有关管理。

1. 对记者的服务

服务就是管理。对体育竞赛记者的管理是在服务中予以体现的。大型体育赛事根据需要一般会设立新闻中心，作为整项赛事组织必不可少的组成部分。新闻中心的首要任务就是服务记者，做好赛事新闻报道、舆论宣传工作，因此其一切工作都应围绕其服务对象——记者的工作来展开。新闻中心要围绕新闻宣传这个工作中心开展各项工作，对记者进行管理、协调和服务。

新闻中心主要负责记者的接待与安排，包括部分记者的住宿安排、交通安排、采访安排、传送稿件服务等。记者从报名参加赛事报道到最后报道结束整个期间，主要依靠新闻中心为其提供相关的服务与保障。新闻中心担负着将比赛及相关信息及时、有效、准确地传递给外界的重要职能。可以利用记者招待会、吹风会、信息通报、手册资料等多种渠道、多种手段通过新闻媒体来传递信息。为此，要做好组织工作，保障各类信息高效传递。

2. 对记者的管理

新闻中心一般设有记者接待部、采访管理部等部门。记者接待部主要负责记者及其他人员的联络和接待工作，包括交通、住宿、证件发放、人员联络等。采访管理部主要负责组织比赛场地、文字记者席、新闻发布厅、混合采访区等各项采访工作。

在体育竞赛期间，新闻中心安排的记者工作区、记者服务区、新闻发布厅、混合采访区 4 个场所相互关联，密不可分，是记者对比赛进行采访报道的主要工作场所。考虑到记者工作的连续性和一体性，4 个场所之间不宜相距太远，且离比赛现场也应较近，以方便记者工作。另外，在硬件设置上，应对不同的新闻媒介，如电视、广播、报纸、网络的特别需求加以考虑。

（1）记者工作区。记者工作区是记者日常写稿、发稿的场所，主要提供记者工作必要的条件，有办公桌椅、电脑、电源、网络接口、电话、电视等。部分媒体可能会预订特定办公区域甚至租用专用工作间，要求为其提供特别服务。

（2）记者服务区。记者服务区主要包括问讯接待处、证件处、信息栏、信息台、文印处、电信服务处、休闲区等。这些服务点在各办公部门领导下，直接服务于记者。其工作人员一方面要掌握好岗位技能的相关知识，另一方面要有良好的工作作风和态度。

（3）新闻发布厅。新闻发布厅用于举行新闻发布会。新闻发布会前一定要确保音响系统正常工作，灯光亮度保持适中，否则不利于记者的正常工作。考虑到赞助商的利益，要注意让广告牌和主席台座位保持适当距离，从而确保在电视转播时广告牌能够显示清楚。发布厅后方的摄像台旁要设置音频插口，供摄像记者使用。维护发布会现场正常秩序很重要，在主席台和记者席之间可以拉隔离带，可以防止记者随意进入主席台区域直接进行采访。

（4）混合采访区。混合采访区是专门用于赛后采访运动员的区域，运动员赛后出场路线必须通过该区域。运动员通道一般呈“S”形，主要是为了增加通道长度，从而容纳更多的记者。通道两侧设立安全护栏，记者在护栏外对运动员进行采访。可以对记者采访进行分区，如分为摄像记者区、摄影记者区、文字记者区等，这样可以方便管理，更好地维持秩序，提高采访效率。

（五）志愿者的管理

志愿者是指不为物质报酬，基于良知、信念和责任，自愿为社会和他人提供服务和帮助的人。接受志愿者的组织遍布体育、卫生、教育、文化艺术、环境等各个领域。体育赛事志愿者是指由体育竞赛组委会直接或者委托招募，需要制作体育赛事身份证件，竞赛期间承担相应岗位职责，在竞赛组委会指定的时间和岗位工作，接受组委会的管理，义务为体育竞赛服务的人员。

体育竞赛期间，赛事志愿者要接受使用部门管理者的指挥与调配。赛事管理者要建立工作指挥体系，使志愿者转入竞赛场馆的区域、岗位的运行管理体系，要逐级落实其工作任务，切实做好志愿者的上岗、考勤、轮休、评价等管理工作，努力做到指挥有力、反应灵敏、行动迅速、信息顺畅、配合默契、保障有力。各场馆和部门应指定专门联络员，按照自身职责，及时提供准确的志愿者需求信息，建立有效的人与岗位对接机制，落实调配任务。具体要求如下。

（1）志愿者经培训合格后，须身着统一的志愿者服装，佩戴组委会统一制发的青年志愿者工作证和会徽，方能到所需服务岗位参与志愿服务。

（2）开、闭幕式等大型活动期间，志愿者由志愿者服务处统一管理，各使用部门、志愿者所在单位等要协助管理。赛事期间，志愿者由使用部门归口管理，志愿者服务处协助管理。

（3）志愿者的服务期限原则上根据赛事安排和组委会各部室工作需要来确定。各部室如有特殊需求，应与赛事志愿者服务处协商解决。

（4）比赛期间，各使用部门可根据工作需要来安排志愿者的上、下岗时间。原则上每位志愿者每天的志愿服务时间不超过 8 小时，特殊岗位可酌情考虑。

（5）服务期间，志愿者若有不符合要求或违纪、违规等现象，使用部门应提前与志愿者服务处沟通，方可做出终止其服务的决定。

（6）如有特殊情况，志愿者有不再继续服务的权利，必须向所使用部室及志愿者服务处提出离岗申请，待志愿者服务处同意后，方能离岗。

（7）未经志愿者服务处的派遣，各部室自行使用的志愿者，其后勤保障、人身安全及管理过程中有可能产生的相关问题，均由使用部室自行负责。

有关体育赛事的人力资源管理的分析，在本书的第八章还有具体介绍，在此便不再做详细分析。

二、物资的管理

体育竞赛中的“物”，主要是指在体育竞赛中所必需的场地、器材、设备等实实在在的具体的硬件。

（一）场地的管理

任何体育竞赛活动都离不开必要的符合规定标准的场地和器材，重大体育竞赛活动更是如此。世界上再优秀的运动员或运动队，离开了规定的场地和器材，都将无法有精彩的表现。

1. 场地分类

根据竞赛场地的位置、性质，从体育竞赛的角度可将场地进行如下分类（图 5-1）。

图 5-1　体育竞赛场地分类

2. 赛前的场地准备

奥运会和洲际运动会等大型综合运动会的赛前的场地准备一般需要几年的时间，是一个庞大而复杂的系统工程。这里仅就现成场馆赛前准备工作做探讨。任何一个项目的赛前场地准备，都不是指单一的比赛场地，还应该包括练习场地、准备场地和其他场地。

（1）比赛场地。每个项目都是依靠自身的特点去选择场地，被选中的场地，按该项目组委会竞赛部门提供的场地要求进行场地准备。各个项目的竞赛规则是经常修改变动的，一个场馆不可能对此都掌握，因此，务必要求竞赛部门提供具体的场地要求，并把它视为此次比赛准备场地的依据。场地要求应提供下列数据。

室内项目：比赛场地的具体尺寸，周围无障碍区的距离，场地的空间高度；场内外裁判区的位置；发奖区的位置；灯光的照度和范围，是否要音响和大屏幕显示，如果要，则要有具体方案等。

室外项目：在同一场地进行多项次比赛的，除对场地的总体要求外，还应有比赛的具体项目和顺序；先后在不同场地进行不同项次的比赛，如现代五项比赛，则要提供每块场地的要求；在非固定场地，则要提供事先选定的路线图，明确起点和终点的区域划分。

除严格按竞赛部门提供的要求准备场地外，作为比赛场地，还应做好以下常规准备。

①安全准备：一般在赛前一周完成。清理观众、运动员和其他人员的安全出入口，做到标志明显、通道畅通、人员分流、各行其道、各出其口。要检查全部消防设备，对有温、烟感的自动消防系统，要检查探头和探测器的灵敏性。要对用电量大的电器设备进行细致检查，消除隐患。这些除自查外，重大比赛还要配合安全、消防和供电等部门检查。

②设备准备：在赛前一周内完成。对直接与比赛有关的灯光、音响、空调、计时记分、大屏幕显示、成绩处理计算机等设备进行检修和试运转，易损部件要有备件，对有应急启动

的设备，也应检修运转。总之，保证以上设备都处于良好状态。

③票证准备：根据比赛规模的大小，对各类人员的证件要求各异。重大国际比赛，有专门制证机构。一般性国内比赛，由主办单位提供证件，但场地应向主办单位提供各种证件使用的区域图。对参赛人数多、赛期长的非集体项目，场地要制作用于当场比赛的比赛证，以限制出入场地的人数。对公开对外的比赛，场地还要做好票务准备，但应根据主办单位的要求，留足运动员、记者、工作人员和其他必要的席位。

④礼仪准备：大型国际比赛，场地应配合礼仪部门，准备和正确悬挂各参赛国国旗，准备主席台和贵宾区席位；对有发奖的场次还要做好升旗架的准备。

⑤其他准备：作为比赛场地，除上述准备工作外，还应做好宣传、环境美化、卫生服务等方面的准备。

（2）练习场地。练习场地是为参赛运动员在赛前适应赛场当地的气候、环境和场地，调整时差、恢复体力、熟练战术、技术而设置的。其规模大小是根据参赛人数和安排赛前训练时间长短而决定的。练习场地离比赛场地越近越好，同样要做好安全、设备等方面的常规准备。除此之外，还应注意以下几点。一是练习场地应该是和比赛场地一样的标准场地，在条件不允许的情况下，也要尽可能地接近标准场地，还要满足一些项目的特殊要求，如奥运会乒乓球项目，要求练习场地的地板和比赛场地的地板颜色一样。二是在同一馆内应有 2 块场地，可以同时安排 2 个队训练，2 块场地之间要有屏障，以减少互相之间的影响。如果在同一场地上安排多块小场地，供个人项目训练，每块小场地之间也要隔离开。三是在练习场地要准备足够的更衣室，最好有淋浴。按体重分等级的项目，还应备有体重称量室和桑拿浴室。

（3）准备场地。准备场地是指运动员在上场比赛之前做热身活动和准备出场的区域，包括热身场地和检录场地 2 个部分。

热身场地应设置在比赛馆内距比赛场地最近的地方。大型国际比赛要求热身场地是一块标准场地，在场内或附近有足够数量的休息室。室内至少有一张按摩床，有一定数量的沙发、桌椅，有闭路电视系统，有供运动员使用的电源，还应有带淋浴的卫生间，一些项目还要求有体重称量室和桑拿浴室。一般性国内比赛，对热身场地要求不严，可以用练习场地代替，条件不允许的，至少有一块地方供运动员做热身活动，有几间休息室和公用卫生间。

检录场地实际上是热身场地和比赛场地之间的连接部。对那些事先排定比赛时间的项目，如田径、游泳、射击等，检录处（赛前控制中心）可根据赛场实际情况灵活设置，但不能离比赛场地和热身场地太远，而且要有明显的标志和指示牌。对那些以场上比赛结束的快慢决定下一场比赛时间的项目，如拳击、柔道、举重等项目，检录处（赛前控制中心）一定要设在比赛场地的入口处。检录处（赛前控制中心）除常规设备外，应有闭路电视系统，供检录人员随时了解场上比赛情况，做好准备上场运动员的检录，督促下一场运动员准备检录。

（4）其他场地。举办一次比赛，除必须准备以上 3 种场地外，还应准备以下几种辅助场地。

①记者工作场地（即新闻中心）。这是现代体育竞赛活动中必不可少的。大型国际比赛对这一场地非常重视，而且要求很高。新闻中心内应设有记者工作间和电讯服务室，大型国际比赛要求在记者工作间内为记者提供现代办公和通信设备，要有提供饮料和食物的场所，在比赛场内观看比赛最佳的地方设置记者席，最好有桌子，要安装各类通信线路、宽带网终端，

供各国记者租用。在记者通道上，在不影响安全的情况下，应设一些采访区间，供记者随时采访运动员。

②裁判员工作场地。除在比赛场地内按规则设置裁判工作区、检录区外，还应在适当的地方设有裁判员会议室、工作室、控制室和休息室。

③发奖场地。在大型国际比赛中，发奖是一项规范而严肃的工作，因此，对发奖场地要有充分准备。除在比赛场地内准备领奖台和红地毯外，还应有一间有安全保护设备的奖牌、鲜花保管室，2 间供发奖人员使用的更衣室。要特别指出的是，对升旗架的准备尤其要充分，要确保万无一失。小型比赛对发奖场地要求不高，但至少场地旁要有 1 间供保存奖品、填写证书的工作室，场地内只放领奖台。

④贵宾场地。现代体育场馆，从建筑设计上就把贵宾场地作为一个单独的活动区域进行设计，从入口到通道都与一般观众、运动员和工作人员分开，成为一个封闭的区域。场地内有多间贵宾休息室和卫生设施，有专用通道直达主席台。在大型国际比赛中，贵宾还包括国际大家庭的成员，人数较多，主席台只能供最高级别贵宾使用，还需要在主席台附近另设贵宾区。如果贵宾区的活动面积大，可以利用同一通道，否则只能另设，也可以与观众共用，但须取得安保部门的同意。

（二）器材的管理

成功地举办一次体育竞赛，除要求有高水平的场地外，还需要有高质量的体育器材。随着体育事业的发展，科学技术的进步，体育器材的发展也日新月异，有些已成为高科技的产品。体育竞赛中使用的器材种类多，产品的牌号也多，在筹办一次体育竞赛时，一定要按要求进行选择和准备。

1. 体育竞赛对器材的要求

体育竞赛所使用的器材不同于一般体育训练的器材，除质量好之外，还有以下特殊要求。

（1）要符合各个项目竞赛规则的要求。每个项目的竞赛规则，都对该项目所使用器材的规格有明确要求，只有使用合格器材，竞赛成绩才能被承认，特别是在破纪录的比赛中更是这样，因此，一定要按规则的要求选择体育器材。

（2）在大型国际比赛中，所使用的器材还必须符合国际奥委会章程及各国际单项体育联合会和各洲体育联合会的规则。另外，还须选择被国际单项体育联合会认可的厂家的产品，这是一种对产品质量的保证。

（3）对那些规则没有明确要求的辅助器材，应选用质量可靠、安全性能好的产品，并要征得竞赛部门的同意。

2. 体育竞赛器材的分类

体育器材的种类很多，从竞赛的角度大致可分为以下 3 类。

（1）个人器材，是指在比赛中只有运动员个人或一个队共同使用的器材，如田径的撑竿、钉鞋，射手用的枪、弓箭，自行车，皮划艇，赛艇等。

（2）集体器材，是指在比赛中由参赛运动员共同使用的器材，如各种球架、球网、球（不包括练习用球）、拳击台、柔道垫、靶标、障碍器材、标枪、铁饼等。

（3）裁判员器材，是指供裁判员使用的器材和辅助器材，如击剑的裁判器、各种计时记分器等，还有成绩处理方面的器材。

个人器材一般由参赛运动员自带，主办单位只是在大型国际比赛中准备一部分，可供运动员临时租用。承办单位应重点准备集体器材和裁判员器材。如果是大型国际比赛，裁判员器材中的计时器等还须使用国际单项体育联合会指定品牌的产品。

（三）体育竞赛中场地、器材的管理

无论比赛规模大小，在组委会中都应有专门机构负责场地、器材的准备与管理。一般情况下，该机构是由提供比赛场地的有关人员组成的，可视比赛情况设场地组、器材组、裁判辅助组、服务组、保障组等。

1. 各场地、器材组的主要任务

（1）场地组。比赛前负责按比赛规则准备各类场地和大型器材，如各种球架、球网、跳高架和海绵垫、拳击台、体操器械、田径的各种障碍栏架等；在比赛中负责场地和大型器材的保养、检查、及时维修工作。

（2）器材组。比赛前负责全部器材的准备、购置和保管工作；在比赛中负责小型器材的分发、收回，备用器材的保管。如田径比赛，器材组应根据各项比赛的时间，提前将标枪、铁饼、栏架等送到比赛场地，赛后及时收回保管；球类比赛，应在开赛前将比赛用球送到场地，经裁判员检查合格后，交裁判员使用，赛后收回。其他由场地组裁判员和其他组领用的器材，在出库时都应有手续，以便全部比赛结束后收回器材。

（3）裁判辅助组。按裁判员的要求，负责操作、保养、维修大型裁判器材，如电子计时记分器、电子显示屏、音响、成绩处理计算机等。

（4）服务组。负责准备主席台、贵宾休息室、运动员休息室、裁判员和记者休息室，并在比赛过程中为以上区域的人员提供优质服务。

（5）保障组。负责保障各种比赛场地的用电、用水，保障比赛场地的空调和照明，还要保证升旗装置的可靠性。

2. 比赛期间场地、器材管理的流程

（1）准备阶段。

在接受任务后，场地、器材处和场馆负责人联合召开各组负责人会议，详细说明此次比赛的规模、规格、要求和准备工作完成的时间。各组开始制订准备工作计划。

各组在制订计划的同时，对各自工作范围内已有的场地、器材进行全面检查清理，提出场地维修方案和预算，提出需要购置和维修的器材的名称、数量、规格及预算。这些由场地、器材处汇总报组委会，待批准后，各组按计划开始准备工作，凡是需要购置的器材，统一由器材组置办、保管，各组在办手续后方可领用。一般要求准备工作完成的时间，以参赛运动员开始报到为限。在准备工作期间，场地、器材处和场馆负责人，要随时掌握工作进度，及时调整人力、物力，以确保按期完成准备工作。

在此期间，对于那些新的比赛项目或重大国际比赛，相关部门要对各组人员进行培训，多次组织岗位练兵。在运动员报到的前两天，组委会召集有关部门和裁判人员，对场地、器材进行全面检查，若发现问题，可利用运动员赛前练习时间补救。大型国际比赛，场地、器材还须接受国际单项技术官员的检查。

（2）比赛阶段。

在正式比赛开始的前一天，场地、器材处和场馆负责人要联合召开全体人员会议，在动员的基础上，要特别强调以下几点。

①全体人员必须在开赛前一小时上岗、启动设备。

②比赛期间，任何人都不准离岗和做与比赛无关的事情。无关人员不准进入灯光控制、音响控制、空调操作和配电等重要场所。

③确定各组负责人的位置和联络方式。

④明确场地、器材处和场馆负责人在主场地的位置和联络方式。

⑤明确器材组备用器材保管人在主场地的位置和联络方式。

⑥明确出现意外事故的应急处置方案。

⑦在正式比赛开始前半小时，各组负责人再次检查自己工作范围内各岗位的准备工作，并以最简明的语言向场地、器材处和场馆负责人报告。开赛前一刻钟，场地、器材处或场馆负责人向组委会报告，以便决定开赛时间。

⑧在比赛进行期间，场地、器材外或场馆负责人，要通过电话或其他方式与各组保持联系，检查各岗位工作情况和设备运转状况，如果出现各岗位按预定应急方案解决不了的情况，需要场地、器材处和场馆负责人到现场采取其他紧急措施，场地、器材处和场馆负责人必须指定代理人，代理人应该知道场地、器材处和场馆负责人的去向和联络办法，并立即报告组委会负责人。

⑨当天比赛结束后，各岗位必须对场地、器材和设备进行全面检查和必要的保养和清理，并将情况向场地、器材处和场馆负责人报告，待负责人确定不存在影响第二天比赛的因素，留下值班人员后，各岗人员才能离岗。发现场地、器材存在问题，需要抢修和更换时，场地、器材处和场馆负责人应毫不犹豫地组织力量，以确保第二天比赛如期进行。

⑩一般大型比赛都是分 2 阶段进行的，2 阶段之间有一天休息，但场地、器材处和场馆负责人不能休息，因为第一阶段比赛时间长，场地、器材可能出现损坏，其他器材需要保养。另外，第二阶段是决赛阶段，运动员人数少、水平高，场地会相对集中，场地、器材处和场馆负责人要充分利用这一天，重新整理场地，检查维修器材。重要的国际比赛，竞赛部门还要利用这一天，进行决赛场次的发奖预演，场地、器材处和场馆负责人要全力配合，特别是发奖次数多的项目，对升旗架的电动和手动装置，一定要按发奖实际次数预演。声控室要对有可能获得冠军的运动员所属国家的国歌录音带进行检查，用该国国旗图案和中文加以标明，按决赛场次先后排放，对这项工作要特别细心。待礼仪部门检查认定后，除有关操作人员外，任何人不得进入声控室。

（3）结束阶段。

全部比赛结束后，除对工作进行总结外，各组要认真清理物资。器材组收回器材，登记清单，进库保管；场地组复原日常场地；其他组要对场地、器材进行维修保养，以迎接新的比赛。

（四）设备的管理

随着经济和社会的发展，我国体育事业也得到迅速发展。科技的进步，科技与体育场地设备的结合，使体育场地设备的种类日益增多，其性能也在逐步更新和完善。

体育场地设备是指对体育场地和器材实施保障的各种装备。它是由体育场地工直接或间接参与操作的各种设施、设备。从体育场地工的操作层面上来分，体育场地设备可分为体育场地专用设备和体育场地公共设备两大类。

1. 体育场地专用设备

体育场地专用设备是指对体育场地实施专门保障和服务的配套装置。它主要由体育场地工实施操作。由体育场地工实施操作的专用设备主要包括压实机、草坪机、喷涂画线设备、喷灌设备、铺冰机、制雪机、过滤设备、水循环系统、电子计时记分显示系统、搬运设备、升降设备、液压设备、传动设备、场地检测装置、电子发射装置等。

专用设备是体育场地工设备管理的主要对象，必须制定严格的管理方案，明确管理目标和管理责任，细化操作规程，精心组织实施。其管理方案的内容主要包括目标管理、计划管理、组织管理、安全管理、日常技术管理、设备维护与更新管理、能源管理、奖励制度管理。

2. 体育场地公共设备

体育场地公共设备是指对体育场地和公共区域实施安全保障、环境保障、卫生保障和服务的配套装置。它主要由体育场地工兼管操作。由体育场地工兼管操作的公共设备主要包括消防设备、监控设备、紧急报警装置、洒水车、除尘设备、消毒设备、照明系统、通风系统、播音系统、温度调节系统等。

公共设备是体育场地工的兼管对象，与体育场地的环境、安全等管理密切相关，需要明确职责，规范操作，共同维护。其管理方案的主要内容包括计划与配置、组织与兼管、操作要求、安全管理、维护与保养。

三、资金的管理

体育赛事竞赛资金的管理，也是体育赛事竞赛管理的主要内容，但关于体育赛事竞赛资金管理的内容在本书的后面章节有详细介绍，在此便不作赘述。

第三节　体育赛事竞赛的组织与编排

球类运动是人们喜欢的运动项目。它的群众基础好，参加活动的人很多，社区、学校经常举行各种球类比赛。因此，本书以球类运动为例，研究体育赛事竞赛的组织与编排。为使某一竞赛顺利进行，必须有周密的组织和科学的编排方法。

一、球类竞赛的组织

球类运动竞赛的组织，小至班组竞赛，大至全省、全国的各项球类运动竞赛，无论其竞赛规模如何，其组织工作大同小异。

（一）赛前工作

1. 规程的制定与印发

举行任何一次球类运动竞赛，都必须在比赛前制定出有法规效用的规程，凡参加竞赛的单位、运动员、裁判员甚至官员都无一例外地必须遵守，否则就不能参加比赛。规程按有关程序通过以后，一般不得更改，如确有不合理的地方，也要通过组委会在报名之前进行修改和补充，当报名截止后规程就不能再做改动，尤其是比赛开始之后更是如此。规程的内容包括主办单位、承办单位、协办单位、参赛单位、竞赛日期和地点、参赛条件、报名办法、竞赛办法、比赛服装、记分办法、录取名次与奖励、报到日期等。

2. 裁判员的聘请与培养

裁判员是某次球类运动竞赛的组织者，也是比赛场上的执法官。裁判员水平的高低，很大程度上影响着运动竞赛能否顺利进行。所以，裁判员的聘请和培养是赛前准备工作不可忽视的重要部分，一般情况下裁判员要在正式开赛前 3~5 天集中进行比赛规则的学习和临场实习。

3. 召开领队、教练员会议

比赛开始前，必须召开一次或多次各代表队领队或教练员会议，会议内容如下：

（1）向与会者说明执行规程的要求，动员一切人员要严格执行规程中的各项内容。

（2）向与会者宣布比赛期间的有关纪律规定。

（3）向与会者提示在比赛中必须注意的有关事宜。

（4）进行抽签（限于球类比赛）。

4. 有关比赛赛程和各种表格的制定与印发

制定并印发与比赛相关的比赛赛程以及各种表格，以保证比赛的顺利进行。

（二）赛中工作

（1）掌握比赛的进程。

（2）公布每场比赛成绩。

（3）处理比赛中出现的纠纷。

（三）赛后工作

（1）比赛总名次的公布。

（2）对比赛中出现的违规做出处理意见，形成文件并通报给有关单位。

二、球类运动竞赛的编排

球类比赛，不论规模大小，其编排方法都是一致的。其方法一般有淘汰制、循环制和混合制。

（一）淘汰制

淘汰制有单淘汰、双淘汰、交叉淘汰等，且一般以单淘汰和交叉淘汰这 2 种形式居多。

淘汰制的优点：能在较短的时间内完成比赛，如 8 个队单淘汰赛只有 7 场比赛，16 个队参赛也只有 15 场比赛（即场数 = 参赛队数 –1）。

淘汰制的缺点：比赛结束后产生的冠军，不一定是本次比赛中技术水平最高的队。

1. 单淘汰

单淘汰是在比赛中失败一场便被淘汰出局的残酷比赛。我们常说的爆冷门正是在这种赛制中出现的频率最高。

对于单淘汰的编排，要了解本次比赛的队数（人数）有多少，参赛队数（人数）刚好是 2 的 n 次方时，则十分容易编排，如 8 个队、16 个队等，编排见图 5–2。否则会出现轮空。

2. 双淘汰

双淘汰即每支参赛队失败 2 场后即被淘汰。失败 1 场后的队仍有机会夺得冠军，若最后一轮决赛后，2 支队均只负 1 场时，则要再赛 1 场决定胜负。（图 5–3）

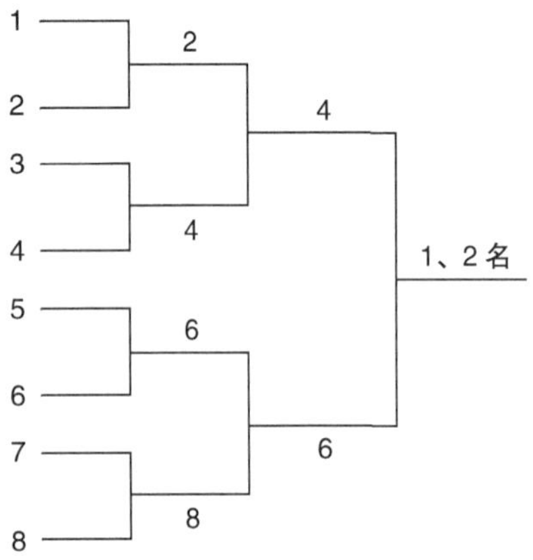

图 5–2　8 个队的编排（单淘汰）

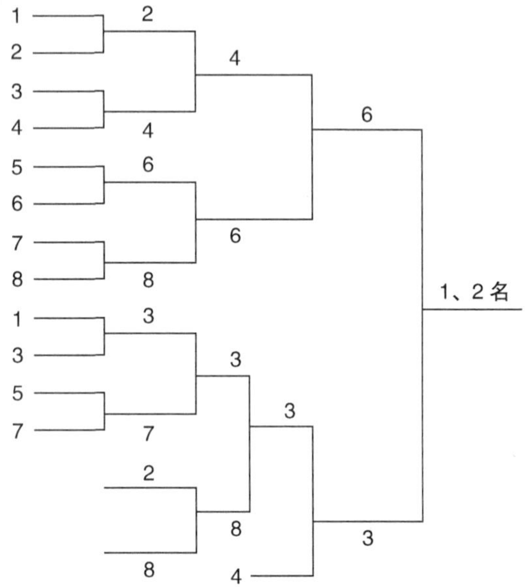

图 5–3　8 个队的编排（双淘汰）

3. 交叉淘汰

交叉淘汰一般因参赛队数较多而分 2 个阶段进行。第一阶段可以分成 2 组进行比赛，每组取前 2 名进行交叉淘汰（图 5–4）；也可以分成 4 组进行比赛，每组取第一名进行交叉淘汰（图 5–5）。第一阶段可以采取淘汰制，第二阶段再进行交叉赛，也有的第一阶段分 2 组或 4 组进行单循环赛（这种安排是我们称为混合制的一种比赛方法）。

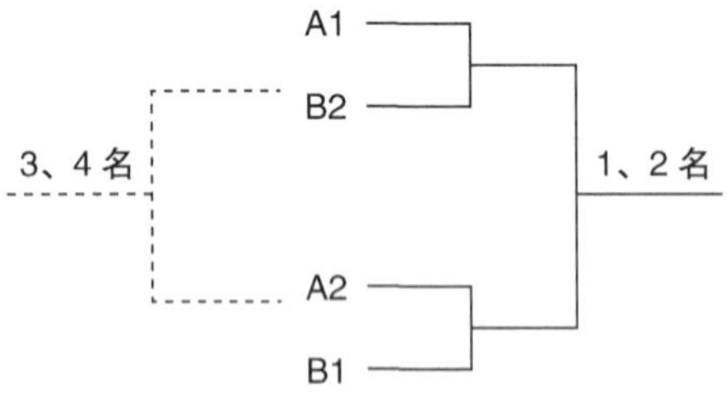

图 5–4　8 个队的编排（第一阶段分 2 组的交叉淘汰）

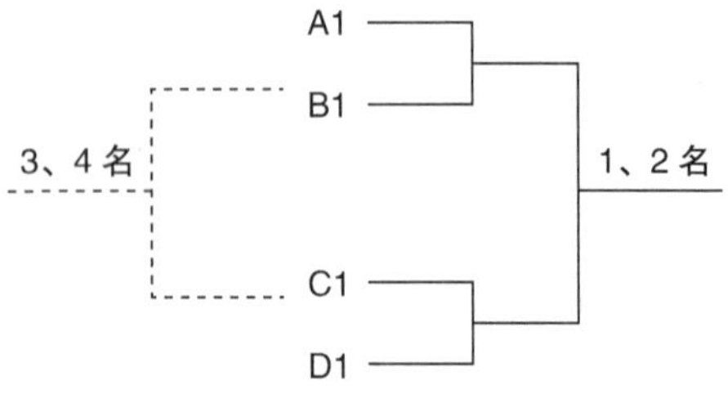

图 5–5　8 个队的编排（混合制）

（二）循环制

循环制是所有参赛队彼此之间轮流比赛 1 次或 2 次，最后根据各队在全部比赛中的成绩排列名次的赛制。它被普遍认为是一种比较公平合理的赛制，其名次的先后基本上能反映参赛队运动技术和战术水平的高低。这种赛制各参赛队之间比赛机会多，有利于互相学习，提高运动技术水平。它的不足之处是花的时间较长，短时间内没有办法结束比赛。这种赛制可以视参赛队伍的多少，采取分组循环、大组循环进行比赛。

循环制有单循环和双循环 2 种形式。

1. 单循环

为了更准确地计算比赛所需的时间，首先要了解比赛的轮次和场数。其计算方法如下。

（1）轮次计算：若参赛队伍是奇数，比赛轮次等于参赛队数，如 7 个队参赛有 7 轮比赛，9 个队参赛有 9 轮比赛；若参赛队是偶数，比赛轮次 = 参赛队数 –1，如 8 个队参赛有 7 轮比赛。

（2）场数计算：比赛场数 = 参赛队数 ×（参赛队数 –1）÷ 2，如 5 个队比赛，按公式计算比赛场数为 5 ×（5–1）÷ 2=10（场）。

（3）单循环贝格尔编排法：贝格尔编排法在 20 世纪 40 年代末苏联的姆 · 科滋洛夫著的《球类运动一般理论问题》一书中已有记载，可是一直没有人采用，到了 20 世纪 70 年代由美国人贝格尔提出并在世界排球比赛中采用，所以人称“贝格尔编排法”。这种编排比较独特，科学性强，具体方法如下。

①单数的队伍数添加一个 0 队，凑够偶数队伍，到此就有偶数 n 支队伍了。

②确定比赛场数：场数 =n（n–1）/ 2。

③开始画表，画出 n / 2 行，（n–1）列。

④填几个固定的数：最大队伍号在每列的右上角，然后左上角，如此交替。

⑤逆时针转圈填数，1 最初是在左上角，逆时针 2、3、4 ……如遇到最大的队伍号，跳过去接着填。

第二列时就得看表 5–1 确定 1 的移动规律了。

表 5–1　贝格尔编排法移动规律

4 队以下	5~6 队	7~8 队	9~10 队	11~12 队
0	1	2	3	4

1 进行间隔移动时，凡遇到 0 或最大队伍号时不做间隔计算，也就是在排后面的列时，1 从上一步的位置开始逆时针移动了几个位置。如果 10 支队伍，就逆时针隔 3 个位置，填这个 1，遇到最大号时也是跳过去不计算这个位置，逆时针填数，2、3、4 ……遇到最大的队伍号，跳过去接着填。如此地移动变化，直到 1 移动到了右下角的位置，这样就排列完了。

例如：6 支队伍编排方法如表 5–2 所示。

表 5–2　6 支队伍编排方法

第一轮	第二轮	第三轮	第四轮	第五轮
1—6	6—4	2—6	6—5	3—6
2—5	5—3	3—1	1—4	4—2
3—4	1—2	4—5	2—3	5—1

2. 双循环

双循环赛制是根据单循环的安排进行 2 次比赛，以 2 次比赛成绩决定名次。

（三）混合制

混合制是将淘汰制和单循环制混合使用，有的第一阶段采用单循环，第二阶段采用单淘汰、交叉淘汰；或第一阶段采用单淘汰，第二阶段采用单循环。这种赛制在比赛中经常被采用。

（四）循环制记分的方法

除足球比赛外，其余各种球类比赛计算名次的方法基本相同。其积分计算方法为：胜 1 场得 2 分，负 1 场得 1 分，弃权为 0 分，以积分高低排列名次。

1. 篮球比赛循环制名次计算方法

计算积分。积分计算方法，即胜 1 场得 2 分，负 1 场得 1 分，弃权为 0 分，积分高者名次列前。如若干队积分相同，则按下述方法排列名次。

（1）如 2 队积分相等，则以 2 个积分相等的队之间的比赛成绩排列名次，胜者名次列前，负者名次列后。

（2）如 2 个以上的队积分相等，则仅以这几个积分相等队之间比赛的得失分率（总得分 / 总失分）排列名次。

（3）如积分仍相等，则按他们在全组内所有比赛的得失分率排列名次。

2. 排球、气排球比赛循环制名次计算方法

计算积分。积分计算方法，即胜 1 场得 2 分，负 1 场得 1 分，弃权为 0 分，积分高者名次列前。如若干队积分相同，则按下述方法排列名次。

计算 Z 值：Z 值 = X（总得分数）/ y（总失分数），Z 值大者名次列前。如果 2 队值仍相等，则 = 计算 C 值：C 值 = A（胜局总数）/ B（负局总数），C 值大者名次列前。如再相等，则抽签决定名次。

3. 乒乓球比赛循环制名次计算方法

计算积分。积分计算方法，即胜 1 场得 2 分，负 1 场得 1 分，弃权为 0 分，积分高者名次列前。如若干队积分相同，则按下述方法排列名次。

（1）在分组循环赛中，小组里每一成员应与组内所有其他成员进行比赛，胜 1 场得 2 分，负 1 场得 1 分，未出场比赛或未完成比赛输的场次得 0 分，小组名次应根据所获得的场次分数决定。

（2）如果小组的 2 个或更多的成员得分数相同，他们有关的名次应按他们相互之间比赛的成绩决定。首先计算他们之间获得的场次分数，再根据需要计算个人比赛场次（团体赛时）、局和分的胜负比率，直至算出名次。

（3）如果在任何阶段已经决定出一个或更多小组成员的名次后，而其他小组成员仍然得分相同，为决定相同分数成员的名次，根据（1）和（2）条程序继续计算时，应将已决定出名次的小组成员的比赛成绩删除。

（4）如果按照（1）~（3）条所规定的程序，仍不能决定某些队（人）的名次时，这些队（人）的名次将由抽签来决定。

4. 羽毛球比赛循环制名次计算方法

以获胜场次数多少决定名次。如 2 人（队）获胜场（或次）数相等，按两者相互间胜负决定名次。如遇 3 人（队）以上获胜（或次）数相等，则按他们在该组比赛的净胜场（或次）数（获胜总场数减去负的总场数）决定，净胜场数多的名次在前；如仍相等，则按净胜局数决定名次，再相等则按净胜分数决定名次。若在计算某一级净胜后，2（人）队名次仍无法确定，则需要进一步计算这 2 人（队）下一级的净胜数，直至可以定出先后。

5. 足球比赛循环制名次计算方法

（1）计算积分。积分计算方法，即胜 1 场得 3 分，平 1 场各得 1 分，负 1 场得 0 分，积分高者名次列前。

（2）如 2 队或 2 队以上积分相等，则按同一阶段全部相互之间比赛的净胜球数决定名次，多者名次列前。

（3）如积分仍相等，则按同一阶段全部相互之间比赛的进球数决定名次，多者名次列前。

（4）如积分再相等，则采用再赛一场或用抽签办法来决定名次。

复习思考题

1. 简述体育赛事竞赛管理的概念和特点。
2. 体育赛事竞赛中有关人员的管理包括哪些？
3. 体育赛事竞赛中物资的管理包括哪些？

第六章　体育赛事的场馆运行管理

第一节　体育赛事场馆运行的含义与特点

一、体育赛事场馆运行的含义

场馆运行模式源于2000年悉尼奥运会，在2004年雅典奥运会赛事组织工作中得到完善。2000年以前奥运会采用以职能部门为单位的“条条”式项目管理模式。悉尼人在总结历届奥运会运行模式的经验基础上，创新了现代奥运会运行模式。“场馆化”管理成为奥运会使用频率最高的“奥运术语”。“场馆化”是指各类资源、运行方案和指挥机制逐步落实到场馆，并在场馆层面逐步整合和实施的过程。随着奥运会筹备工作的不断推进，奥运会筹办的重心从以职能部门管理为主逐步转变为以每个大型场馆整体运行为中心的管理模式。场馆运行模式成为最近数届奥运会赛事组织工作通行有效的做法。场馆运行模式随着2008年北京奥运会的筹备逐步传入我国，保障了2008年北京奥运会的顺利举办。2006年3月，刘淇在奥运会场馆运行部署会上讲道：“场馆运行是奥运会举办水平和质量的最高体现，关系到运动员的服务程度，关系到观众的满意度，关系到所有参与者和全球电视观众对北京奥运会的印象和评价。运动员、记者、各国官员和近百万观众的活动区域都集中于各个场馆，提供万无一失的安全保障和便捷、周到的服务是我们实现筹办工作目标的基本保障。”之后，场馆运行模式陆续运用于2010年广州亚运会和2011年深圳世界大学生运动会等大型综合性体育赛事。场馆化、属地化管理是2008年北京奥运会场馆管理的一大特点，主要是能够明确责任与分工，场馆的业主是谁，由谁负责。在场馆运行模式下，场馆运行的工作内容和性质发生了变化，因而我们需要对场馆运行的概念进行重新界定。

运行本义是指星球、车辆等周而复始地在轨道上运转。李之文（2008）在对2010年广州亚运会竞赛组织和场馆运行的研究中指出，运行是指单位结构、工作常态。目前场馆运行并没有形成统一的概念和规范描述，2008年北京奥组委认为“场馆运行就是指有效保障场馆组织竞赛活动的管理服务过程”。鲁勇（2010）认为，场馆运行是按照项目管理方式和全程监控机制，有效保障发生在场馆内的各项活动有序、规范落实的管理服务过程。这个界定重点强调了场馆运行的4个基本条件：其一，场馆是活动举办的基本场所；其二，按照项目管理方式编制场馆相关的落实计划；其三，按照既定的服务规范和工作流程实施场馆运行的各项服务计划；其四，保障场馆运行规范有序进行，需要对筹办过程和实战进行全过程监督控制。为了有效保障竞赛活动顺利进行而组建的场馆运行团队，一般办公地点设在赛事举办的场馆。

该团队承担场馆计划编制、资源配置、团队组建以及实际运作的工作职责。通过收集相关研究资料和咨询有关专家，并结合研究目的，本书将场馆运行界定为场馆运行团队在体育场馆区域内通过有秩序的组织和管理手段，有效保障场馆组织竞赛活动的管理服务过程。大型体育赛事场馆运行是赛事筹备和举办过程中非常重要、复杂的环节，也是历时最长的。场馆运行管理的好坏直接决定了体育赛事的成功与否。

二、体育赛事场馆运行的特点

2008 年北京奥组委场馆管理部姚辉认为，场馆运行是保障场馆内各类客户群便利地从事各自活动的过程。姚辉在总结奥运会场馆运行的成功经验时，提出了 7 点：其一，每个体育场馆都建立了各自的团队；其二，围绕体育赛事，将场馆内各类客户人群进行细分，为不同的客户群制定和提供相应的规范服务；其三，对每个场馆进行科学规划，设计注册分区和人员、车辆流线，方便赛时管理；其四，在筹备期间强调周密的计划安排和项目管理；其五，重视赛前的培训和演练，提高团队的运行实战能力；其六，重视指挥系统的建立和管理，以及建立完善的信息沟通机制；其七，做到赛时运行管理的决策重心下移，绝大多数问题在场馆层面就得到了很好的解决。

由此可以看出，场馆运行将管理的重心放到场馆层面，将场馆发生的各种活动统筹考虑，按照系统的管理方式和全程监控的保障体制，并且整合赛事筹办工作计划，统筹配置和管理场馆运行所需的资源，同时采用规范的标准和流程满足各类场馆客户群的需求。经过理论和实践分析，体育赛事场馆运行模式具有以下 4 个特点。

（一）场馆运行团队统一整合运作

场馆运行团队统筹配置场馆资源，在不违背市场开发保护规则的前提下对体育赛事保障所需的资源统筹配置。当然场馆运行团队只负责客户群场馆内行为，而场馆外的行为，如住宿、餐饮等不属于其职能范围。场馆运行团队负责场馆运行各项组织管理工作，与场馆所在社区政府部门密切结合，保证活动的比赛者、表演者、参加者等能够专心进行比赛、表演以及观赛。

（二）场馆运行团队统管内部运行

体育赛事产品的生产、销售和消费都在场馆内完成。在赛事举办的过程中，场馆是非常重要和关键的。因此，实行场馆运行团队运行责任制非常必要。场馆运行保证竞赛组织者专心安排比赛，赛时场馆内出现的大部分问题由场馆运行团队负责解决，重大的问题和突发事件上报组委会领导决策，以提高赛事组委会的运行效率。

（三）场馆运行团队统筹赛事资源

场馆运行团队负责场馆内所有保障大型体育赛事的资源，对赛事资源拥有统筹配置的权利，强化了管理重心下移理念。

（四）场馆运行标准统一

场馆运行集聚了众多业务领域的工作，通过周密的计划编制和组织落实，采用统一的组织模式、统一的运行政策、统一的运行指挥体系、统一的赛事服务水平和标准、统一的景观标识，从而保障各项赛事、各个场馆的服务标准与工作流程基本一致。

总而言之，场馆运行工作的特点可以概括为场馆运行团队负责按照统一的规范，承担计划编制、资源配置、团队组建等工作职责，应用场馆运行模式保障大型体育赛事竞赛组织的正常进行。

第二节　体育赛事场馆运行团队

一、场馆运行团队的定义与特点

管理学家切斯特·巴纳德认为，组织是一个有意识地对人的活动或力量进行协调的关系，是 2 个以上的人自觉协作的活动或力量所组成的一个体系。人类为了达到个人目的，打破生理、心理、生物和社会的限制，进行合作。而合作后为高效实现预定的目标，就必须形成某种组织结构。组织是一切管理活动取得成功的基础。团队可以理解为合理利用每一位成员的知识和技能协同工作，来达到特定目的的组织。根据对团队概念的理解，我们将场馆运行团队界定为有效保障场馆组织某项竞赛活动，由不同的部门、不同的专业人员临时组成的一个特殊工作组织。场馆运行团队积极利用管理层和员工组成的共同体，发挥其中每位成员所拥有的知识以及技能，以保障体育场馆内的竞赛活动顺利开展为核心目标协同工作。

由于大型体育赛事本身的特殊性，场馆运行团队管理与传统的团队管理不同，更强调负责人的作用和团队的配合，其组织形式不受现存的职能结构的束缚而具有更大的灵活性和柔性。场馆运行团队办公地点一般设在赛事举办的场馆。场馆运行团队承担场馆计划编制、资源配置、团队组建以及实际运作的工作职责，同时还要处理好与组委会、外围保障团队的关系。首先，场馆运行团队作为组委会的一个下设机构，与组委会是被指挥与指挥的关系，并通过场馆主任实现这一领导关系。场馆主任负责就场馆内出现的各类重大问题立即提请主运行中心协调解决，并负责每日向组委会汇报当日场馆内所发生的各类问题及解决的方法。其次，场馆运行团队与属地政府外围保障团队的关系是被保障与保障的关系，场馆运行团队与外围保障、城市运行工作团队要密切保持联系。若场馆外围的安保、消防、交通对场馆的正常运行造成影响，场馆运行团队应与场馆的外围保障团队及时沟通，互相协助配合来解决问题。

二、场馆运行团队人员构成

根据场馆功能的不同，场馆运行团队可以划分为竞赛场馆运行团队、非竞赛场馆运行团队与训练场馆运行团队。本书研究的是竞赛场馆，则本书所述的场馆运行团队即竞赛场馆运行团队。由于大型体育赛事规模庞大，因而场馆运行团队需要大量的工作人员。根据是否受聘和领取薪水，场馆运行团队人员分为 2 类（表 6–1）：第一类是体育赛事组委会聘用的、支薪的常职人员，由正式聘用人员、借用人员、实习生组成；第二类是非受薪人员，是由志愿者和合同商人员构成的不领组委会薪水的成员。场馆运行团队人员根据职位的高低分为 2 层：其一，体育赛事的高层管理人员，是体育赛事的核心层，其管理水平和组织能力直接决定着赛事的成败，负责体育赛事的重大决策，一般为组委会正式聘用人员；其二，体育赛事的一般聘用人员、志愿者和合同商、实习生等共同组成的群体，负责各项决策的具体执行，保障赛事的正常运行。

表 6–1 场馆运行团队人员构成

场馆运行团队人员构成		性质
受薪人员	正式聘用人员	与组委会存在聘用合同关系的工作人员，人事关系隶属组委会。赛时享受组委会薪水、福利、制服与免费餐饮待遇
	借用人员	与组委会存在合作关系的相关政府机构或企业的赛时借调人员，人事关系属原单位。赛时享受组委会制服、补贴及免费餐饮待遇
	实习生	根据赛时岗位需要，当地院校于赛前统一派往组委会完成实习任务并为组委会提供相关服务的在校学生。赛时享受组委会适当补贴、制服及免费餐饮待遇
非受薪人员	志愿者	由组委会直接或者委托招募的，承担相应岗位职责，义务为体育赛事服务的工作人员。该类人员赛时享受组委会制服及免费餐饮待遇
	合同商人员	由合同商或赞助商提供并支付薪水的工作人员，在场馆中有岗位，与受薪人员、志愿者共同工作，人事关系属合同商或赞助商。该类人员赛时不享受组委会待遇

场馆运行团队工作人员必须以场馆为日常办公地点，而在其他地点办公的工作人员并不能称为场馆运行团队人员。依据赛前工作需要，场馆运行团队人员分批进驻场馆，原则上场馆主任和经理层人员首先进驻，接着承担临时设施建设、物资运入工作的人员进驻，志愿者最后进驻，合同商工作人员根据工作需要合理安排进驻场馆的时间。根据上述原则，按岗位制定场馆运行团队人员进驻时间表。例如，2008 年北京奥运会测试赛场馆运行团队入驻分为 4 批：第一批，赛前 90 天，场馆主任层成员及核心业务口（场馆管理、竞赛、场馆设施管理、安保、交通、技术、物流、人事）经理进驻；第二批，赛前 60 天，核心业务口以外其他业务口经理进驻；第三批，赛前 30 天，全部场馆受薪人员进驻；第四批，赛前 7 天，志愿者进驻。基本上在大型体育比赛正式举行之前一周所有场馆运行团队成员入驻场馆。

三、场馆运行负责人（场馆主任）

场馆运行团队人员众多，但是场馆运行的关键因素是场馆运行负责人。其负责场馆运行的组织、计划及实施全过程，因此场馆运行负责人的管理、组织、协调、领导能力、知识经验都对赛事的成败起着决定性作用。该岗位人员的选择尤为重要，其人选可能来自场馆业主单位，也可能来自赛事组委会，还有可能来自赛事举办地政府、大学或市政职能部门。场馆运行负责人国外称为场馆总经理，本书采用国内习惯称呼，称为场馆主任。2008 年北京奥运会竞赛场馆业主单位和场馆主任人选来源中（表 6–2），绝大部分场馆主任来源于场馆的业主单位。具体如下：场馆主任来自奥组委的有 7 个场馆，占总数的 22.6%；来自北京高校的有 6 个场馆，占总数的 19.4%；来自国家体育总局的有 9 个场馆，占总数的 29.0%；剩下的主要来自场馆所在区政府和公司。

表 6–2 北京奥运会竞赛场馆业主单位和场馆主任人选来源

场馆名称	场馆业主单位	场馆主任人选来源
国家体育场	国家体育场有限责任公司	奥组委
国家游泳中心	北京市国有资产经营有限责任公司	奥组委
国家体育馆	北京国奥投资发展有限公司	奥组委

续表

场馆名称	场馆业主单位	场馆主任人选来源
会议中心击剑馆	北京北辰实业有限公司	奥组委
奥林匹克公园曲棍球场	北京市国有资产经营有限责任公司	北京市人民政府
奥林匹克公园网球中心	北京市国有资产经营有限责任公司	奥组委
奥林匹克公园射箭中心	北京市国有资产经营有限责任公司	奥组委
奥体中心体育馆	国家体育总局	国家体育总局
奥体中心体育场	国家体育总局	国家体育总局
英东游泳馆	国家体育总局	国家体育总局
北京大学体育馆	北京大学	北京大学
北京航空航天大学体育馆	北京航空航天大学	北京航空航天大学
中国农业大学体育馆	中国农业大学	中国农业大学
北京科技大学体育馆	北京科技大学	北京科技大学
北京理工大学体育馆	北京理工大学	北京理工大学
五棵松篮球馆	北京五棵松文化体育中心有限公司	海淀区人民政府
五棵松篮球场	海淀区人民政府	奥组委
首都体育馆	总局奥运建设管理办公室	国家体育总局
北京射击馆	国家体育总局	国家体育总局
北京射击场	国家体育总局	国家体育总局
老山自行车馆	国家体育总局	国家体育总局
老山山地自行车场	国家体育总局	国家体育总局
小轮车赛场	国家体育总局	国家体育总局
城区公路自行车赛场	北京市体育局	北京市人民政府
沙滩排球场	朝阳区人民政府	朝阳区人民政府
北京工业大学体育馆	北京工业大学	北京工业大学
工人体育馆	北京市总工会	朝阳区人民政府
工人体育场	北京市总工会	东城区人民政府
丰台垒球场	丰台区人民政府	丰台区人民政府
铁人三项赛场	昌平区人民政府	昌平区人民政府
顺义奥林匹克水上公园	顺义区人民政府	顺义区人民政府

场馆主任是确保场馆运行筹备工作有序到位、保障场馆顺利运行的第一负责人，不同于场馆运行团队其他管理者，其对场馆运行目标的实现负有终极责任，是场馆运行团队的“灵魂”所在。按照亨利·明茨伯格的观点，场馆主任必须拥有人际关系、信息交流和决策过程3个方面的10种职责，在人际关系方面起到头面人物、领导者、决策者、联络者、监督者、传播者、资源分配者、应急人员、发言人、传播人、谈判人等作用。场馆主任具体的工作职责和权利主要分为赛前筹备和赛时运行2个阶段。

赛前筹备阶段场馆主任具体的工作职责：其一，带领团队管理人员组织编制场馆运行计划和运行手册，协调落实各业务口所需要的资源配置，协调解决筹办和运行过程中场馆内的各类问题，监督整体工作进度；其二，代表场馆运行团队对外开展工作，向上请示汇报，主持场馆主任办公会等工作会议；其三，直接管理场馆运行秘书长、财务、人事、开闭幕式等重要岗位负责人，以及对场馆运行团队人事进行考核与工作进行监督；其四，负责场馆筹备阶段必要的后勤保障，审批使用赛时场馆主任备用金；其五，作为场馆物资安全的第一负责人，负责场馆运行所需物资的安全和保障。

赛时运行阶段场馆主任具体的工作职责：其一，统筹领导场馆运行团队运行工作；其二，负责向组委会请示和汇报工作；其三，直接领导场馆管理、人事、财务等重要领域的赛时运行工作；其四，解决赛时运行场馆内上报给场馆主任的各类问题，协调场馆运行团队与组委会各部门以及政府各部门之间的关系；其五，主持场馆工作例会；其六，接待赛时到场馆参观的各类贵宾；其七，拥有一定额度的应急储备金审批权，应急补充场馆运行所需的资源。

四、场馆运行团队的组织结构

体育赛事筹办初期，筹委会各个职能部门如交通中转部、安全保卫部、信息通信部、贵宾接待部、志愿者服务部、场馆部、新闻宣传部、医疗卫生部、电力保障部、气象保障部、餐饮部等都是并行的。但是从赛事筹委会进入场馆后，赛事管理重心发生了改变，赛事资源都是围绕场馆展开的。因而筹委会各个职能部门由场馆运行团队负责人牵头，根据以下 3 个原则组建场馆运行团队：其一，精简高效，满足场馆运行需要，即在团队层级和职位上，既要满足工作需要，又要尽量简单，以实现内部决策程序的简化和高效化；其二，按照项目管理的方式进行设定，要对其履行的职责、承担的任务和所赋予的人权、财权、物权一并考虑；其三，与组委会现在的组织机构进行有效对接，将来实现平稳过渡。

组织结构的存在意义在于提供一种方式以协调各种力量完成既定的使命。很多人认为完善的组织结构将转化为组织效力。为了场馆运行目标的实现，为了更加有效地发挥和利用人、物和财等资源，必须妥善地进行组织结构设计。组织结构一般用组织结构图予以表示，形成自上而下、从左到右若干纵向、横向的职务或职位，而这些职务或职位之间并不是孤立的。它们之间互相联系。下面以 2004 年雅典奥运会和 2008 年北京奥运会为例，分析其场馆运行团队的组织结构。

（1）从 2004 年雅典奥运会奥林匹克体育场馆运行团队组织结构可以看出（图 6–1），2004 年雅典奥运会场馆运行团队总负责人为场馆总经理，分为场馆竞赛、场馆场地、场馆服务、场馆运行四大块工作，同时场馆总经理直接管理场馆保安经理、志愿者经理、场馆财务经理、场馆媒体经理、场馆人事经理、场馆礼宾经理。

（2）2008 年北京奥运会场馆运行团队组织结构更加清晰明确（图 6–2），专门设有场馆主任层，主管竞赛的常务副主任，分管服务、后勤、媒体、安保、属地关系的副主任，以及场馆运行秘书长各 1 名。同时，设有 21 名业务经理：观众服务经理、场馆票务经理、场馆餐饮经理、场馆交通经理、场馆注册经理、语言服务经理、市场开发经理、医疗服务经理、场馆物流经理、场馆设施经理、场馆环境经理、场馆新闻经理、场馆摄影经理、场馆广播电视转播经理、场馆人事经理、场馆财务经理、场馆技术经理、场馆礼宾经理、兴奋剂检查经理、体育展示经理、训练场馆经理。北京奥运会场馆运行团队组织结构图中带虚线的业务口不属于场馆运行团队编制，赛时根据工作安排服务于多个场馆，属于赛时流动团队。他们根据赛事需要进入场馆，主要负责颁奖仪式、形象景观、权益保障与查处侵权等业务，语言服务业务口中专业口译人员也属于流动成员，在指定时间内进入场馆为新闻发布会提供翻译服务。

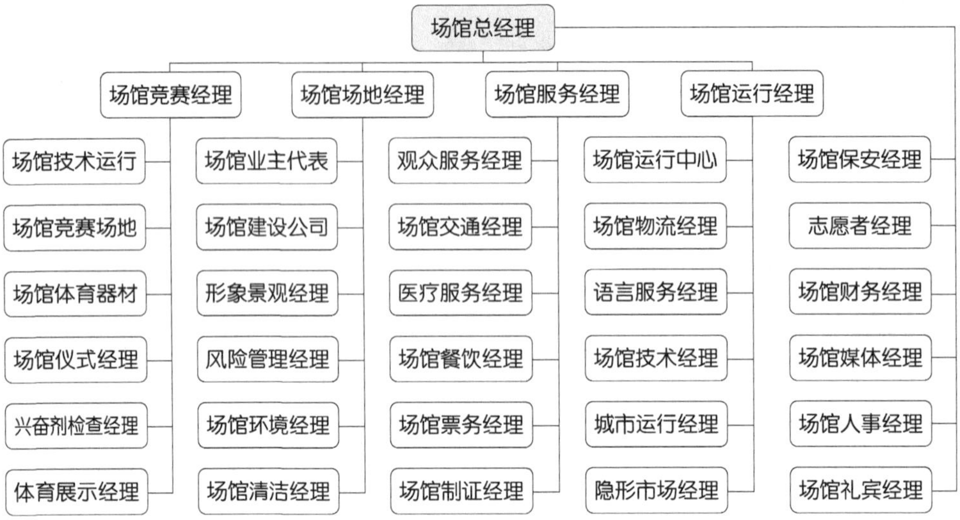

图 6-1　雅典奥运会奥林匹克体育场馆运行团队组织结构图

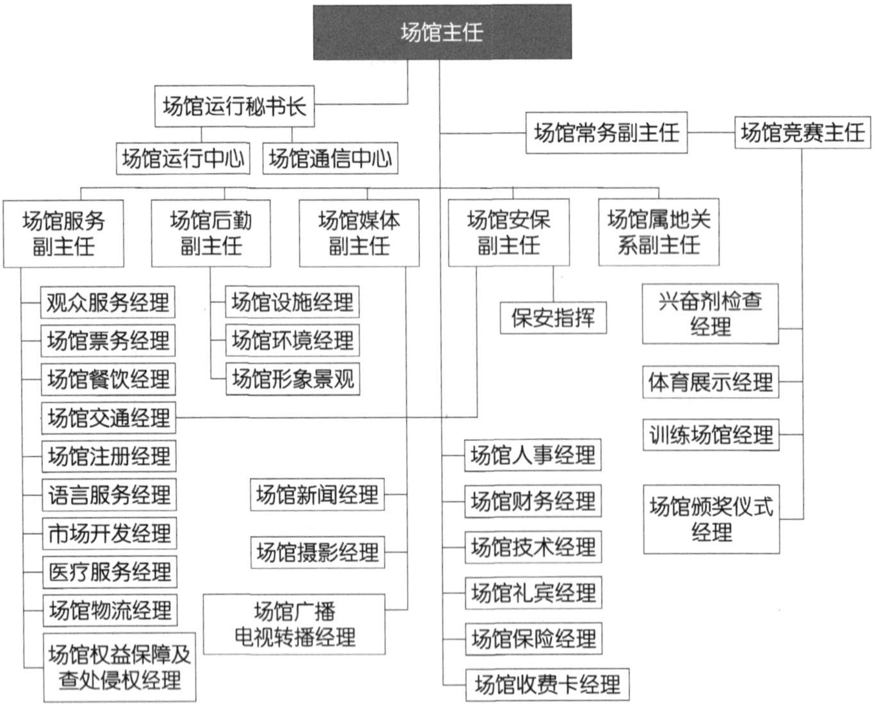

图 6-2　北京奥运会场馆运行团队组织结构图

奥运会都是在赛前大约 2 年的时间成立场馆管理部门，确定场馆顺利运行的第一负责人，确保场馆运行筹备工作有序到位。纵观实行场馆运行模式的奥运会场馆运行团队关键岗位的设置，可以看出 2004 年雅典奥运会和 2008 年北京奥运会稍有所不同，2004 年雅典奥运会只设立了场馆总经理和竞赛经理以及相关业务口经理。而2008年北京奥运会为了确保场馆运行团队工作的有效开展，建立了统一高效的指挥体系，除了场馆主任和竞赛主任外，还设有常务副主任、服务副主任、后勤副主任、媒体副主任、安保副主任、属地关系副主任以及秘书长等职务。

第三节　体育赛事场馆运行管理方法

随着赛事规模的不断扩大，场馆运行中不确定性因素随之增多，风险也随之增加。那么，我们必须面对体育赛事场馆运行将会出现的层出不穷的无组织变量，在多变的环境中消除不确定性及变化带来的不良影响，阻止场馆运行的组织结构可能出现的混乱。运行管理是一项将场馆运行进行系统化的工作，明确场馆运行的目标和行动方案，使整个场馆运行团队的工作有序、协调一致、相互配合，避免盲动和不协调带来的损失，同时能够合理地使用与控制场馆资源，用最短的时间完成工作，减少迟滞和等待时间，避免场馆运行进度风险。显然，科学合理的场馆运行管理是进行风险管理的有效途径。

一、科学地进行场馆运行设计

承办大型体育赛事的体育场馆赛事期间人流量大，但是场馆的空间是一定的。从人均站立面积对应不同的人流状况表可以看出（表6–3），当个体站立空间减少到0.14平方米，即达到了拥挤事故通常发生的“临界密集度”值时，会造成集体性拥挤，甚至可能发生踩踏事件。为了保障场馆人流的顺畅，赛前需要对场馆进行空间规划，因此，合理的场馆运行设计是非常重要的。

表6–3　场馆人均站立面积与人流状况对应表

人均站立面积	人流行进状况
2.3 平方米	每个行人在人流中需要保持平均步行速度以避免碰撞
0.9 平方米	行人步行将变得非常困难，速度显著降低
0.45 平方米	将达到走廊或走道的最大容量，行人移动步伐混乱，只能作为一个团体运动
0.35 平方米	个人步行移动将极其困难
0.3 平方米	会产生同其他人不自觉的碰撞和拥挤
0.2 平方米	潜在的危险性的拥挤和心理压力将产生
0.14 平方米	临界密集度，极易发生群体拥挤事故

运行设计是国际上非常前沿和重要的设计领域，运用于大型体育赛事场馆运行中是非常有效的。场馆运行设计可以根据场馆建筑特点和现状，对场馆的空间、人行流线和车辆流线进行合理的安排和布置，保障赛事期间人员和车辆能够顺畅地进出场馆，以减少场馆人流拥堵或场馆运行紊乱等安全风险事故的发生。

（一）有效的场馆功能分区和注册分区

场馆功能分区就是把竞赛场馆区域进行功能划分，场馆内的不同人群进行空间分隔。有效的场馆功能分区能便于场馆运行管理，减少危及人员安全的事件发生。当然，区域划分不是绝对的，不同的体育赛事根据工作的需要可以进行不同的分区，但是大体可以将体育赛事场馆分为 4 个区域，分别为场馆边界、场馆前院、场馆后院以及竞赛场地。对场馆前、后院要进行严格区分，前院为观众活动提供空间和服务，后院为持证人群活动提供空间和服务。而注册分区是对场馆内不同人群通行权限的区域划分，将同一通行权限的人群归纳在一个注册分区内。例如，2008 年北京奥运会将场馆注册分区分为蓝区（体育竞赛）、白区（观众活动）、红区（场馆运行）、4 区（新闻运行）、5 区（电视转播）、6 区（奥林匹克大家庭）。

应以客户群的需求为出发点和落脚点，以提供的服务能否在最大限度上满足客户群为总原则进行场馆功能分区。在进行分区时，应保证持同种证件人群空间的连续性，形成清晰的注册分区；在总体空间分配上，依次按照运动员—官员—贵宾—电视转播—新闻运行—工作人员的优先顺序满足持证人群的用房及空间需求；安保封闭区内尽可能少地安排停车场；所有的综合区相互邻近且尽可能靠近场馆主体建筑；尽量利用现有设施，减少临时设施的工程量，降低预算，避免浪费。

对于看台也要进行合理分配，依次根据电视转播、贵宾、新闻运行、随队官员、运动员、运动队技术摄像的优先顺序对场馆座席进行分配。在场馆永久建筑内设有主席台的情况下，贵宾优先使用主席台，而未设置主席台的场馆，由贵宾与电视转播和新闻运行共享最佳区域，而且媒体和贵宾都应该设有专用通道通往其看台。媒体的座席区应设在靠近比赛场地、有良好观赛角度的中心看台区。在设计时应根据不同的持证人群对看台进行区间划分，必要的区域设置临时隔挡，减少人员之间的互相影响，避免冲突的发生。下面结合 2008 年北京奥运会场馆之一——北京科技大学体育馆的成功案例来阐述场馆的功能分区。

北京科技大学体育馆在 2008 年北京奥运会期间共分 4 个区域。其一是比赛区域，见北京科技大学体育馆内部俯视图（图 6-3），一层中央的蓝色范围是比赛区域，是最重要和最受

图 6-3　北京科技大学体育馆内部俯视图

关注的区域。它的工作对象是运动员、教练员以及竞赛工作人员，主要用于运动员比赛，当然还用于与竞赛密切相关的事宜，如用于裁判员成绩记录、运动员等候上场、教练员在旁指导、医务人员进行紧急治疗、赞助商品牌展示、电视转播以及运动员颁奖等。其二是观众区域，也称场馆前院，是指观众席和观众自由走动的区域，包括观众的座位区、流动区以及休闲区等，工作对象是观众，工作内容是观众的服务和观众人群管理，位于场馆中央的比赛区域四周。其三是场馆后院，是赛事运行的指挥部，工作对象是媒体、贵宾以及工作人员等。例如，北京科技大学体育馆内部区域位于观众席下面一层，从场馆首层平面图就可以一览其结构和分区。场馆后院可以细分为运动员准备区、体育竞赛区、新闻运行区、电视转播区、场馆运行区、场馆礼宾区、仪式文化活动及安保和交通运行区 7 个区域。其四是场馆外围，主要是竞赛场馆的边界以及四周被赛事组织者管理和监控的延伸区域，设有人员出入口和车辆出入口等，工作内容是验票、验证以及安检等。

（二）顺畅的场馆流线设计

场馆流线是人和物在场馆中流动的行为轨迹，是客户群和物资到达和撤离的路线。大型体育赛事场馆内人多、物多，流动频繁，每个功能区之间有着复杂的联系和隔离，各类流线经过这些区域，形成一个错综复杂的网络。为了防止各类人流和车流的交叉或混流产生的风险，应通过对场馆人员和车辆流线的设计来提高场馆“流动”速度。应在场馆前院安排观众步行流线，在场馆后院安排运动员、技术官员、贵宾、电视转播、新闻运行（文字和摄影记者）人员步行流线，运动员和技术官员班车、媒体班车、转播工作用车、贵宾车、场馆运行车辆车行流线。而工作人员流线一般情况下设计在场馆后院，但是在合理的时间段内，工作人员可以凭有效证件使用观众或者注册人员出入口。

流线设计要遵循以下几个原则。其一，人车分离原则。要尽量保证人车分流，避免事故的发生，在场馆前院观众活动区严禁车辆通行，在场馆后院 2 种流线应尽量分开。其二，场馆前后院分流原则。应严格避免观众与持证人员（不含工作人员）步行流线交叉，尽量避免各类持证人员（不含工作人员）流线交叉。其三，客户群分流原则。在进行流线设计时，应依次按照运动员—技术官员—贵宾—电视转播—新闻运行—工作人员的优先顺序满足持证人群流线需求。其四，其他原则。要尽量缩短各类人群下车点到场馆入口的步行距离，综合考虑其安检流线和通行能力，来安排需要安检才能进入安保线的车辆，根据高效运行的原则安排物流车辆和消防应急车辆流线，应针对特殊运行任务安排流线（如颁奖仪式、成绩公报递送等）。

按照场馆流线设计原则，根据不同的客户群设计不同的流线。以观众为例进行场馆流线设计（图 6–4），要给观众设计流畅和清晰的路线，对于走廊、通道和坡道，应使在人群密集时的最大步行通行能力为在 0.3 米宽范围内每分钟通行 25 人；对于楼梯，应具备在向上方向上每分钟 16 人的最大适用通行能力；所有的出口处都要保证当人群密集时移动通畅，而且出口处不允许出现会导致观众绊倒的障碍物；未定义的区域可以用屏障引导，如从交通下车点到观众席建立一条步行通道；在设计时要严格区分观众出入口和出入流线；给观众提供医疗、餐饮、售票等的服务标志要醒目而且方便。

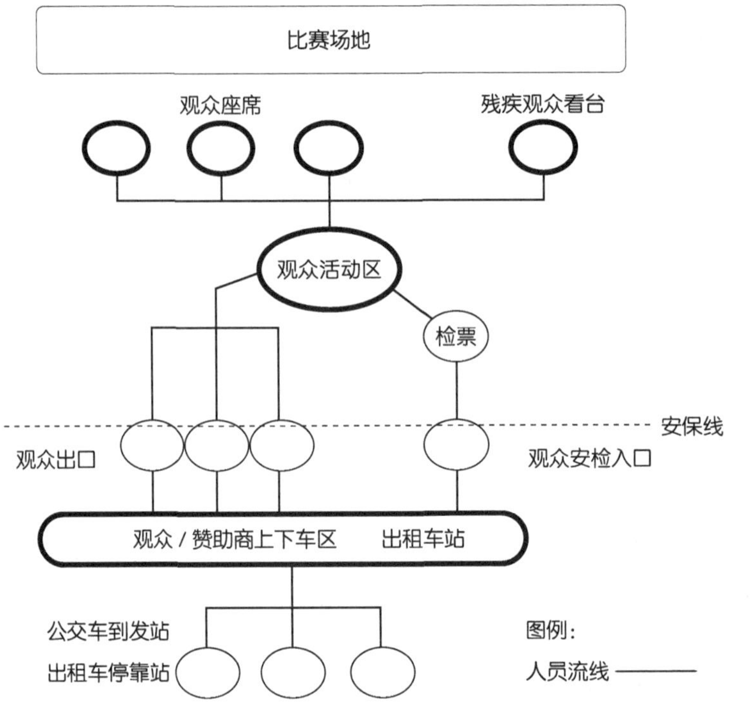

图 6-4　场馆前院观众流线示意图

二、围绕客户需求完善场馆竞赛服务

根据上文分析，进入场馆的客户按照其性质特点可以分为运动员和随队官员、裁判员等技术官员、贵宾、文字摄影记者、广播电视转播人员、现场观众6类。每一类客户由于角色不同、职责不同、与赛事的利益关联程度和关注点不同，其在场馆内的需求也随之产生差异，即使是相同的要求，其服务的流程、服务的标准以及服务的区域也不尽相同。各类客户的内在需求相对较多，个性化偏好需求较强，个性化需求标准也较高，而场馆运行的资源是非常有限的，因而场馆竞赛服务过程中出现的风险相对也较多。为了防止场馆各类客户不满意竞赛服务的风险发生，场馆运行要紧紧围绕进入场馆的各类客户的需求来开展工作。

（一）分析客户群的服务需求

应根据场馆运行特点，以各类客户的实际需求为出发点，认真梳理各个服务环节的需求信息，明确信息提供方和获取方，清晰了解各类客户在场馆内不同时间、不同地点所需的不同服务。表 6-4 以场馆观众在赛前所需的服务为例，对客户群在不同地点所需的服务进行了描述。

表 6–4　场馆客户群不同地点所需的服务描述

活动概述	活动地点	服务类别	服务名称	主责部门
安检	安检区	安检服务	观众（人员）安检服务	安保
		安全保卫服务	安全防范	安保
		安全保卫服务	治安事件受理服务	安保
		秩序维护服务	提供秩序维护服务	观众服务
		秩序维护服务	强制性秩序维护	安保
		寄存服务	限制物品寄存	安保
		信息服务	公共广播服务	观众服务
		氛围营造服务	吉祥物表演服务	观众服务
		咨询服务	为所有客户提供咨询服务	观众服务
		医疗服务	紧急处理、物理治疗及转院	医疗服务
检票入场	检票区	秩序维护服务	提供秩序维护服务	观众服务
		秩序维护服务	强制性秩序维护	安保
		检票服务	撕票	观众服务
		咨询服务	为所有客户提供咨询服务	观众服务
		票务服务	票务纠纷受理服务	票务
在公共设施区的活动	公共设施活动区域	氛围营造服务	体育展示及显示屏服务	体育展示
		氛围营造服务	观众流通区文化活动	观众服务
		通信服务	公用电话	技术
		维修服务	场馆设施维修服务	场馆设施管理
		商业服务	ATM 服务	财务
		商业服务	特许商品售前导购服务	市场开发
		商业服务	特许商品销售服务	市场开发
		商业服务	特许商品售后服务	市场开发
		餐饮服务	观众餐饮服务	餐饮
		安全保卫服务	安全防范	安保
		安全保卫服务	治安事件受理服务	安保
		秩序维护服务	提供秩序维护服务	观众服务
		秩序维护服务	强制性秩序维护	安保
		信息服务	观众信息亭服务	观众服务
		引导服务	观众（人员）引导服务	观众服务
		寻踪服务	寻人服务	观众服务
		寻踪服务	失物招领	观众服务
		咨询服务	为所有客户提供咨询服务	观众服务
进入观众看台	观众看台	氛围营造服务	体育展示及显示屏服务	体育展示
		氛围营造服务	现场解说服务	体育展示
		通信服务	公用电话	技术
		维修服务	场馆设施维修服务	场馆设施管理
		商业服务	ATM 服务	财务
		安全保卫服务	安全防范	安保
		安全保卫服务	治安事件受理服务	安保
		秩序维护服务	提供秩序维护服务	观众服务
		秩序维护服务	强制性秩序维护	安保

续表

活动概述	活动地点	服务类别	服务名称	主责部门
进入观众看台	观众看台	寻踪服务	寻人服务	观众服务
		寻踪服务	失物招领	观众服务
		咨询服务	为所有客户提供咨询服务	观众服务
		寄存服务	婴儿车及轮椅寄存服务	观众服务
		引导服务	引座服务	观众服务

（二）制定场馆竞赛服务标准

从客户群需求角度合理界定各项服务的标准非常重要。应根据场馆运行可利用的资源量以及客户的实际需求，按“以人为本”和“服务适度”的原则为不同客户群量身定制服务标准。尤其是大型综合性赛事，在多个场馆同时举办赛事，制定场馆服务标准更利于场馆之间的统一。以场馆的引导服务为例，其服务的对象、提供方式及地点、服务的程序等都是服务标准制定的衡量要素。表 6–5 详细列出了场馆引导服务的标准。

表 6–5　场馆竞赛服务标准（以引导服务为例）

中文名称	服务标准
交通站点疏导服务	1. 工作人员指挥车辆按顺序进站
	2. 外围保障单位工作人员协助观众迅速、有序下车，并迅速离开交通站点
	3. 通过公共广播、人员引导、指示牌等使观众明确行进路线
	4. 对运输途中出现的突发事件（如盗窃、伤病等）做出迅速反应
	5. 为有特殊需要的观众联系轮椅与电瓶车服务
贵宾（人员引导）	单一标准：贴身护送或搀扶
观众引导服务	1. 设置指路标识为观众指引方向，必要时使用扩音器和高椅子
	2. 为有特殊需要的人群提供电瓶车和轮椅运送
引座服务	1. 工作人员向观众致意欢迎，查看所持门票，引导观众就座或指明座位
	2. 为有特殊需要的观众提供协助
退场服务	1. 通过体育赛事展示的公共信息系统、观众服务公共广播系统与扩声器不断提示观众相关退场信息
	2. 如需分流观众或吸引其在场馆内停留，可安排吉祥物表演等活动
	3. 观众服务座席区及固定地点的工作人员对观众的前来表示感谢，引导观众从座席区前往指定出口，并提供所需信息与协助
	4. 观众服务工作人员来到座席区为残疾人等有特殊需要的观众提供帮助，必须保持无障碍通道畅通
	5. 安保人员负责场馆出口管理，禁止观众从出口进入场馆
	6. 观众服务座席区工作人员在规定的闭馆时间清场，如需要可请求安保支持
车辆引导服务	单一标准：定点指引，由现场民警指挥
摄影记者场馆内流线引导	1. 摄影记者携带沉重设备，要在最短的时间内，经由最短的距离，在摄影记者工作间、场地摄影位置、看台摄影位置之间快速流动
	2. 尽量避免摄影记者流线与其他客户群，尤其是贵宾流线的交叉
	3. 流线区域内有醒目的指示引导标志
媒体引导服务	定点指引，同时场馆具备引导媒体去往工作区域的指路标识提示

（三）落实场馆竞赛服务工作

根据制定的场馆客户服务标准和服务内容，确定场馆正常运行的服务政策和服务程序。针对不同的客户群，对场馆竞赛服务可能发生的突发事件制定预案和保护措施。最终需要将场馆竞赛服务的任务按照工作岗位、责任人员进行落实，使场馆运行团队的每一位成员明确场馆竞赛服务的内容、标准、程序和政策等，并在工作中认真执行，承担起相应的管理和服务责任。只要坚持把场馆客户群的需求作为场馆运行竞赛服务工作的出发点，把贴近场馆客户的需求作为推动场馆运行竞赛服务工作的落脚点，把场馆客户的基本需求作为评判场馆运行竞赛服务工作的监控点，把场馆客户反馈结果作为评定场馆运行竞赛服务工作的标准，那么场馆运行竞赛服务的风险就会大大降低。

三、提供强大有力的场馆后勤保障

如果场馆主任和场馆业主并不相同，则两者负责的范围也不同，那么场馆主任可以与场馆业主签订《场馆使用协议》，界定清楚场馆主任与场馆业主各自的责任、权利和义务，通过风险转移的方式将场馆后勤保障风险转给场馆业主。《场馆使用协议》需要将风险的责任归属明确，包括场馆移交给赛事组委会时场馆的基本条件和标准，赛事期间场馆的准入通行权限、场馆的管理权限、相关工作的落实责任、场馆设施以及水电气的供应等。不管是哪方负责场馆后勤保障，其风险量是不变的，只是承受的主体不同。为了减少场馆后勤保障风险的发生，应该努力做好以下几个方面的工作。

（一）可靠的场馆设施设备保障

场馆设施设备管理人员应分班次值班，并安排工作人员轮值，以便确保场馆的设施设备全天 24 小时正常运转。特别是场馆电力运行风险，一旦发生后果将非常严重。场馆电力运行管理包括场馆通用电力、临时发电机组的监控、管理、运行、技术支持及维护，需要工作人员在赛事期间的每一天对电力系统的所有组成部分进行检查，并提交当日的电力运行报告。场馆照明设备的开启需要留有一定的维修时间来预防故障出现。在观众进入场馆前，赛前 2 小时左右需要开启照明，并根据比赛的要求调节场馆观众区的照明，赛前 1 小时左右开启比赛场地的配电照明设备。当然为了能够第一时间了解场馆设备发生的故障，需要开通维修服务热线，开馆时间必须有专业人士值班，负责接听和记录；如果获知风险发生则需要赶紧通知场馆设施管理负责人安排维修后续工作，同时负责跟踪维修工作的进展情况。

对于场馆固定建筑物（如门、窗、墙壁、通道等）、临时构建物（包含构筑物内的地板等设施）、场馆家具设施、座席、卫生间、空调、电视转播摄像和摄影机位构筑台、围栏、道路以及标识等场馆设施，在赛事期间必须进行每日巡视检查，贯彻管理场馆维护程序，进行定期维护和安全检查，及时解决安全隐患。

（二）清洁的场馆环境保障

场馆区域的环境风险相对较小，但是如果清理不及时会造成不良的影响。首先，对场馆主体建筑外（安保线内）的公共区域需要进行机械化清扫保洁作业，而对于吸扫车无法作业区域需要人工进行垃圾捡拾；其次，应对场馆内卫生间、看台、功能用房、比赛场地等区域及时进行清洁服务，对于观众看台、楼梯、通道等区域的垃圾及时分类收集；最后，应对各垃圾箱垃圾定时分类收集，运送至垃圾暂存区。而对于垃圾暂存区的清洁与垃圾转运、处理也要及时。首先，维护管理垃圾暂存区，并对存放在暂存区的垃圾进行细致分类；其次，使用垃圾压缩机对分类收集的垃圾进行压缩并转运。

四、落实场馆安全措施

场馆安全是场馆运行重中之重的工作，如果出现重大安全事故，那么场馆运行团队和赛事组委会所付出的努力都会付之东流，甚至当地政府以及举办国都会受到负面影响。例如，1972 年慕尼黑奥运会的规模创下了当时世界之最，德国花 6 亿多美元特意为奥运会修建了体育建筑群，动用了庞大的资源进行筹备，但是惨案的发生让全世界的责备都指向了组委会，指向了德国。由此可见，安全防范工作是非常重要的，但是场馆运行团队并没有能力去承担场馆运行安全防范的所有工作。因此，场馆运行团队需要与赛事组委会甚至是当地政府进行协商，确定自身的责、权、利，对部分风险进行转移。对于不能转移的风险，场馆运行团队必须采取有效的措施，主动去防范。

（一）制订周密的安全防范计划和方案

为了使大型体育赛事场馆运行安全防范工作高效有序地进行，场馆运行团队应结合场馆和赛事的实际情况，制订相应的安全防范方案和应对各类危及场馆运行安全的应急预案。随着安全防范工作的不断深入，赛事内部、外部环境的不断变化，尤其是社会安全形势的变化，场馆运行团队要及时调整安全防范方案。场馆应急预案要具体详细和操作性强，针对场馆的不同区域或不同人群针对性地制定预案。下文列举 2 个风险应急预案。

例一：大型体育赛事场馆不同区域灭火应急预案。大型体育赛事期间，场馆发生火灾应该针对不同的区域采取不同的灭火应急措施，见表 6–6。

表 6–6　大型体育赛事场馆不同区域灭火应急预案

区域	应急措施
内场及看台发生火灾	1. 立即切断电源，向相关部门汇报
	2. 迅速组织义务消防队员使用场内的灭火器和消防栓灭火
	3. 如火势较大且有蔓延之势，应迅速请求现场消防队员出警灭火
	4. 由场馆内保安队员开启通道卷闸门，并配合公安人员引导内场观众有序疏散到安全地带
场内功能房、包房、中控室发生火灾	1. 引导人员从邻近的消防通道撤离
	2. 迅速组织义务消防队员使用房间内摆放的灭火器或周边消防栓将火扑灭
	3. 如火势较大且有蔓延之势，消防控制中心应立即启动自动灭火系统将火扑灭
	4. 请求现场消防队员出警灭火
外场发生火灾	1. 迅速组织义务消防队员启用周边消防栓或灭火器灭火
	2. 如火势较大且有蔓延之势，应请求现场消防队员出警灭火
	3. 开启体育场所有出口，在公安、交警的引导下有序撤离

例二：大型体育赛事场馆安全疏散应急预案。大型体育赛事结束时或发生紧急情况时，为了避免人员拥挤或踩踏事件发生，应根据不同的人群和车辆制订不同的方案。（表 6–7）。

表 6-7　大型体育赛事场馆安全疏散应急预案

人群、车辆分类		疏散程序
观众	人群疏散	1. 看台的观众在保安人员的引导下依次从 A、B、C、D 4 个区域的玻璃门退场，然后从 1 号、2 号和 3 号检票口有序疏散
		2. 中途退场的观众从 A、B、C、D 4 个区域的玻璃门退场，到达二层平台之后，从 1 号、2 号检票口有序疏散
		3. 观众退场前，现场广播应及时播放退场注意事项，提醒观众从各看台有序疏散，不要拥挤，以免发生踩踏事故
		4. 如果观众在退场时发生拥挤或踩踏事故，安保队员应迅速打开一层消防通道防火门，引导观众疏散
	车辆疏散	1. 观众车辆有序从东区社会停车场 1~9 号出口疏散
		2. 若发生堵车，工作人员应开启停车场东边 1~5 号倒闸门，引导其车辆有序疏散
		3. 若在疏散的过程中发生交通事故，应立即联系交管部门迅速组织疏散
贵宾	人群疏散	1. 包厢、主席台的贵宾从三层 1 号、2 号电梯退场
		2. 如发生火灾等特殊情况，包厢、主席台的贵宾由保安引导经三楼楼梯，从贵宾通道退场
		3. 一层贵宾休息大厅的贵宾从贵宾通道有序疏散
	车辆疏散	1. 贵宾车辆从贵宾停车场有序疏散
		2. 若发生特殊情况，保安应迅速开启商业区外围疏散门，引导贵宾车辆有序疏散
教练员、运动员、裁判员、记者和工作人员	人群疏散	1. 教练员、运动员由运动员专用通道退场
		2. 裁判员从裁判员专用通道退场
		3. 记者从记者专用通道退场
		4. 工作人员从工作人员专用通道退场
		5. 若发生特殊情况，保安队员应迅速打开防火卷帘门和一层所有玻璃门，引导以上人员有序疏散
	车辆疏散	1. 教练员、运动员、裁判员、记者车辆从北边区域的大门有序疏散
		2. 若发生堵车等特殊情况，保安应迅速开启场馆东、南、西 3 个区域的大门，并引导其车辆有序疏散

（二）加强安全教育与培训

仅依赖安保人员来完成场馆安全防范工作是远远不够的，需要对场馆内所有人群进行场馆安全知识普及。肖锋曾对场馆 8 个安全标志图示中特别重要的 2 个（疏散通道方向、紧急出口）图标进行含义辨别，对于紧急出口图标，24.4% 观众辨认错误，工作人员出错率也高达 18.1%；而对于疏散通道方向图标，观众的出错率为 26.5%，工作人员为 15.1%。由此可以看出，一旦出现紧急情况，观众和工作人员都辨别不出疏散通道方向和紧急出口，其后果将不堪设想。因而需要提高赛事参与主体的安全意识和安全技能。

可通过广播、电视等途径用图片、实例生动形象地讲解场馆安全防范知识，也可以通过发送宣传册或张贴标语等方法激发赛事参与主体的安全意识。工作人员在赛前还需要对各项风险应对预案进行学习，对于风险量大的风险事件，还需要进行模拟演练，使工作人员在紧急情况下能够应对自如。针对观众，可以在发送门票和观众入场时向其普及以下安全知识：进、退场如何防止扒窃，如何防止拥挤踩踏，如何应对场馆火灾和突发事件，如何文明观看比赛等。

（三）深入仔细地开展安全检查和监督

在大型体育赛事开始前一段时间，场馆需要全面封锁到赛时运行期开始。在封锁之前需要邀请专业人员对场馆安保封锁线内的每个角落（包括水下、草地、座位、横梁等）进行地毯式安全隐患专项排查和搜爆检查，如 2010 年广州亚运会比赛场馆在赛前进行了 3 次全面的场地安检。经过彻底的安全检查，场馆成为“干净场馆”，场馆开始封闭，直到对运动员开放训练（或体检称重、器材称重等）。从场馆封锁到赛事结束期间，可以采用人防、物防、技防相结合的原则，采取九大措施减少风险的发生，保障体育场馆的安全。其一，部署专门力量在场馆的安保封闭线内 24 小时巡逻控制，在场馆外围安保封锁线以内进行巡逻控制，防范事件的发生和及时处置非法侵入事件。其二，在场馆的入口处安排安检人员和配备安检设备，对持票持证进入场馆的人、物和车辆进行检查，从而保障场馆内人员的人身安全。为了防止大量人员拥挤在场馆入口处可以采用“远端安检”，在驻地或训练馆等封闭区进行安检，由“干净车” 直接驶入封闭区，而不需要再次安检，以减轻场馆入口处安检的压力，同时可以在入口处通过现场广播告知观众入场须知及注意事项。其三，对于场馆内部，在看台入口、安全疏散通道、观众座席等重要部位安排安保人员巡逻，及时应对临时发生的安全风险事件。其四，在场馆的关键区域、比赛场地专门安排安保人员，以及时制止、处置观众攀爬围栏、观众冲进比赛现场等阻扰赛事正常进行的行为。其五，在贵宾休息室、贵宾看台、奖牌存放室等重点区域部署人员，防止风险的出现。其六，在场馆消防安全，在赛前检查场馆消防安全措施实施情况，安排值班人员及时消除场馆内发现的火灾隐患。其七，在体育场馆的外围，交通民警对人员和车辆进行交通疏导和调度，确保场馆内各类人群进出便利，车辆停放整齐，通行状况良好。其八，为了服务场馆内的客户群，在场馆内或周边设立报警服务站来提供报警服务、失物招领服务以及赛事有关的咨询服务。其九，配备勤务增援人员防止场馆内的突发事件，一旦突发事件发生，由场馆安保指挥部根据突发事件的性质和特点，直接调动这部分人员进行先期处置，尽可能减少场馆运行风险损失。

复习思考题

1. 简述体育赛事场馆运行的含义与特点。
2. 简述体育赛事场馆运行团队的特点与组织结构。
3. 如何有效地进行体育赛事场馆运行管理?

第七章　体育赛事的营销管理

第一节　体育赛事营销管理概述

一、营销的概念

（一）营销

美国市场营销协会对营销下的定义是：营销是创造、沟通与传送价值给顾客，以及经营顾客关系以便让组织与其利益关系人受益的一种组织功能与程序。菲利普·科特勒下的定义强调了营销的价值导向：营销是指个人或群体通过创造并同他人交换产品和价值，以满足需求与欲望的一种社会活动和管理过程。而格隆罗斯给的定义强调了营销的目的：营销是在一种利益之上，通过相互交换和承诺，建立、维持、巩固与消费者及其他参与者的关系，实现各方的目的。通俗地讲，营销就是通过宣传、推广，进而促进产品或服务的销售。而从管理的维度去定义营销，能够将产品推销出去就是成功的营销。营销要传递顾客价值，传递的过程要同时能够针对市场的情况进行调整，不断地获得新的消费者。

（二）营销方式

营销方式就是认识市场的需求，得到市场的需求，用最佳的方法进行推广。营销方式包括服务营销、知识营销、体验营销、教育营销、情感营销、差异化营销、直销、网络营销等。

传统一点的营销方式如电视广告、报纸广告、户外广告等的投入成本较大，得到的效果不便于监控，持续的周期长，这些因素使其越来越不被重视；而网络营销方式因为其具有较高的性价比，则越来越受到人们的重视。品牌营销是指通过消费者对品牌的认识，利用消费者的需求，不断地提升品牌的价值过程，是企业结合自身的各种营销策略再通过专业的新闻传播策划机构使目标客户对企业品牌、产品和服务形成认知的过程。品牌营销可以说就是让消费者在其认知世界里把企业的品牌牢牢地记住。

二、体育赛事营销概念

市场营销是为实现各种组织目标，创造、建立并保持与目标市场之间的有益交换和联系而设计方案的分析、计划、执行和控制的过程。科特勒等将市场营销定义为：个体与组织通过创造以及与他人交换产品和价值来满足他们自身需求的一种社会和管理过程。识别消费者的需求是市场销售人员的重要作用之一，而所有的营销战略必须基于对消费者需求的认识。

体育市场营销是指体育组织通过为广大观众提供高质量的竞赛表演业务，为媒体、企业、学校和其他体育组织等提供满意的竞赛产品，使赞助商获得良好的宣传沟通效果及经济利益。简而言之，体育市场营销是指为满足体育消费者的需求而进行的各种活动的交换过程。体育市场营销主要包括 2 个方面：一是向消费者直接提供体育产品和服务；二是以体育为媒介间接地向消费者宣传其他产品的质量和功效。

目前，我国对体育赛事营销暂没有一个明确的定义，但是综合各体育营销的概念与内容，我们可以将体育赛事营销定义为：个体与组织通过创造以及与他人交换体育赛事产品、赛事无形资产和价值，以满足体育消费者需求的一种交换过程。

（一）**体育赛事营销的内容**

从体育赛事的特点和市场营销的基本理论来看，体育赛事营销是一种服务营销，主要包括以下三大因素。

一是赛事组织者提供赛事产品，即赛事产品的供给或来源。赛事产品的供给主要分为 2 类：第一类是有形产品的供给，如赛事纪念品等；第二类是无形产品的提供，如竞赛表演服务等。

二是消费者对体育赛事的需求，主要是观众、赞助商的需求。消费者对赛事的需求是实现体育赛事成功营销的重要因素，需求越大，赛事营销的成功率就越高。

三是供给和需求之间的协调，主要是指赛事营销的实施过程，包括吸引观众、寻找赞助商、吸引媒体等。

（二）**体育赛事营销的方式**

在过去相当长的一段时期内，体育赛事活动都是作为人类文化活动的重要组成部分而存在着的。其一方面作为衡量某一国家或地区的体育运动竞技水平的检验手段；另一方面作为服务于公众健身的社会福利的形式而存在。世界各国都将重要体育赛事活动作为其展示国力的一个窗口。在我国近代也出现过“国力强而体育兴，国力弱则体育衰”的说法。1984 年洛杉矶奥运会前，世界各国举办的奥运会都被政府作为一种形象工程来运作，往往给举办国的政府带来沉重的财政经济负担。

而 1984 年洛杉矶奥运会，在美国政府宣布国家财政不会为举办奥运会提供资金支持后，一位商人提出了“以奥运养奥运”的思路，他就是美国商人彼得・尤伯罗斯。他靠着商业集资的方式为组委会创造出了 2.5 亿美元的纯利润，这一新思路改变了一切，首次向世人展现了一种新的理念，创造出了一个潜力和商机无限的新兴产业。在这之后的 1996 年亚特兰大奥运会上，美国商人比尔・佩恩将赛事的营销推向了一个更新的境界，在他的运作下，1996 年亚特兰大奥运会带来的经济效益显著。2000 年的有关资料显示，当时世界体育产业的年产值已经达到了 4 000 多亿美元。由此可见，体育赛事活动有着巨大的商机。这使越来越多的人认识到这个新兴产业有巨大魅力，能够带来巨额的利润。

现代体育赛事，无论是世界性的、洲际性的还是全国性的体育赛事，其规模都越来越大，所需资金越来越多。巨额的竞赛费用需要通过市场运作的方式进行多方面的筹集，如果只是依靠政府的财政拨款是不可能完成任务的。

在体育赛事中，赛事的收入主要靠的是赞助商的赞助资金，因此赞助商在赛事中的角色是不可或缺的。由于体育赛事的独特魅力、巨大的市场影响力，实力雄厚的企业特别是同运动有联系的企业对体育赛事的赞助情有独钟。体育赛事的赞助被认为是企业在体育领域投放广告的一种方式。体育赛事的影响力和公众关注度能提高赞助企业在社会和公众面前的曝光率，增加企业的知名度，树立企业品牌的良好形象，从而达到广告宣传的目的，使企业能够从中得到回报。体育赛事的赞助一般有现金赞助、产品赞助或是服务型赞助。

门票是体育赛事直观表现形式之一，门票的销售收入也是体育赛事中不可或缺的重要收入。门票的收入由赛事规模、项目、观看人群等各种复杂因素决定。门票销售是否成功甚至关系着体育赛事的整体效果，其收入具有举足轻重的作用。因此，门票销售与体育赛事营销有着相当大的关系。门票销售一般的策略是差额定价、提前预售、套票优惠和票务公司代售等。针对不同人群设置不同的门票价格是实现收入最大化的一项主要策略。另外，需要根据赛事文化及观众关注程度、赛事项目冷热程度区分门票价格。以 2008 年北京奥运会为例，对热门项目、热门时间段的赛事门票运用科技手段进行预订、抽签和付款，为学生、社会团体预留普通团体票的方式就比较成功。

电视转播是电视台以广大观众的实际观看需求为市场导向，向赛事组织者购买赛事的电视转播权、获取电视转播权后，通过技术手段向某一地区、全国或者是全世界进行比赛的现场画面的直接传送的一项经营性活动。这一转播权可以是独家转播权，也可以是多家电视台的同步转播权。电视转播权是体育赛事组织者通过允许他人对比赛实况进行现场直播、转播、录像，并从中获得报酬的一项权利。体育赛事组织者将比赛的直播、转播权有偿地转让给一家或多家电视台，由于此转让是有价值的，并且是以营利为目的的，因此直播、转播权自然也就变成了体育的非物质的商品或服务。而电视台购买这一体育非物质商品，最终的目的同样是追求利润，因此，在每日黄金时间播出的比赛实况或者非常重要、关注度非常高的比赛实况，往往收视率就会很高，这样的比赛往往更能够吸引企业投放商业广告并获得可观的广告收入。当然，体育比赛的项目、比赛形式、赛事规模、投放地区差异等，导致电视转播权的售价有高低之分。电视转播权也是体育赛事营销中不可或缺的一部分。第一次的电视转播权出现在 1960 年，当时冬奥会将电视转播权卖出了 5 万美元。2002 年韩日足球世界杯的电视转播权收入达到了 3.988 亿美元；2000 年悉尼奥运会的电视转播权收入达到了 10 亿美元；2004 年雅典奥运会的电视转播权收入达到了 14.82 亿美元；2008 年北京奥运会的电视转播权收入达到了 17.14 亿美元；而到了 2010 年温哥华冬奥会和 2012 年的伦敦奥运会，在电视转播权方面的收入已经上升到了 39 亿美元。根据国际奥委会 2016 年在里约奥运会结束后公布的数据，在 2013—2016 年这个奥运周期，奥运会的电视转播权收入达到了 41 亿美元，这个数字比上一个奥运周期增长了 7.1%。

特许商品、纪念品的研发，可以根据赛事项目、主题的情况来进行调整，以满足体育迷的需求，开辟营利的渠道，树立和宣传赛事品牌的作用，使其具有纪念意义。

三、体育赛事营销管理概念

营销管理就是在市场行为中，以营利为目标，把组织、人员、培训、绩效、考评、薪资等众多要素综合制定、优化实施的行为。营销管理的实质是需求管理，其目标是对需求的水平、时机和性质进行有效的调解。

体育赛事营销管理是指为了实现体育赛事组织的目标，建立和保持与目标市场之间的互利交换关系，而对相关营销项目的分析、规划、实施和控制的行为。在体育赛事营销管理实践中，赛事运作方通常需要预先设定一个预期的市场需求水平。然而，实际的市场需求水平可能与预期的市场需求水平并不一致。这就需要体育赛事营销管理者针对不同的需求情况，采取不同的营销管理对策，进而有效地满足消费者、赞助商等的需求，确保体育赛事运作目标的实现。

四、体育赛事营销管理的需求

体育赛事营销管理的实质是需求管理，其任务是通过调节各种需求的水平、时机和性质，更好地促进体育赛事组织目标的实现。在体育赛事营销管理中，赛事运作方应考虑到的需求是多方面的，一般来说包括以下几种：观众的需求，政府的需求，赞助商的需求，中介、经纪机构的需求等。

体育赛事的观众包括直接前往比赛现场观看比赛的观众，以及通过电视、互联网等方式间接进行消费的观众。体育赛事观众的需求与欲望是体育赛事营销管理过程中必须予以关注和考虑的，无论是现场观众还是间接观众都是此体育赛事的顾客，体育赛事不能放弃任何一类顾客。

体育赛事主办方接受政府的资金支持及监督，就意味着主办方必须实现某些成果，必须重视政府对赛事的需求。各级政府部门对体育赛事的监控通常是不以体育赛事主办方的意志为转移的，对体育赛事予以资金支持的各级政府部门通常也是相对固定的。在体育赛事营销管理中，政府的支持也是体育赛事强有力的支持之一，其需求也是不容忽视的。

赞助商是指可能对体育赛事进行资金赞助、实物赞助或以其他方式进行消费的企业。其为体育赛事的运作提供了资金与物资。不同赞助商的需求与欲望复杂多样，对体育赛事所能进行的消费额度差异很大，体育赛事主办方应该针对体育赛事的需求做出选择。

赛事中介、经纪机构常见于商业性赛事中，其是体育赛事尤其是商业性赛事成功举办的重要媒介与桥梁，在赛事主办方、举办场地、赞助商甚至是举办地政府等多方之间起到沟通与联络的纽带作用，是赛事商业性运作中不可忽视的力量。

第二节　体育赛事营销管理流程

本书主要从体育赛事赞助、体育赛事票务、体育赛事转播权、体育赛事广告 4 个方面来分析体育赛事营销管理流程。

一、体育赛事赞助

赞助费用是体育赛事的主要收入来源之一，也是影响赛事质量的一个关键点，保证好赞助商的服务质量是目前我国体育赛事赞助良性发展的根本。随着政府对赛事的资金注入减少，企业在承办赛事过程中的市场开发就显得越来越关键。当前我国的赞助商已经不满足于“赞助等于树立广告牌”这一现象，而更注重赞助之后所能带来的利益。

2014 年，国家体育总局官方网站公布了《体育总局关于推进体育赛事审批制度改革的若干意见》，提出取消举办商业性 / 群众性赛事的审批。体育赛事必然会全面进入商业化，政府出资时代已经慢慢远去，那么尽快制定好符合我国国情的体育赛事赞助的相关市场经济法律与出台相关政策，也是保证体育赛事赞助良性运行的一种必要的方式。当前我国体育商业化的形势良好，但相比较欧美等其他发达国家，依然处于发展阶段。体育赛事赞助方面的营销理论十分重要。体育赛事的成功举办是将赛事商业化包装成一种商品面向消费者，而面向消费者之前，势必要吸引各大赞助商的青睐，因此，用营销手段研究赛事的赞助是一项具有重要理论意义与实践意义的活动。

取消举办商业性 / 群众性赛事的审批政策出台之后，体育赛事营销进入了快速发展阶段，体育赛事赞助已经成为体育赛事中必不可少的一种营利方式。体育赛事的顺利举办有着体育赛事赞助的一大份功劳。体育赛事赞助的主体主要是赞助商和赛事主办方，所需要达到的是两者的“双赢”局面。因此，赛事主办方成功地获取体育赛事赞助有 3 个方面的问题需要解决：一是企业赞助赛事的初衷；二是企业如何选择并开展体育赛事赞助；三是体育赛事主办方需要为企业的体育赛事赞助提供良好的合作条件，以便促进双方合作。下面从这 3 个方面来阐述赛事主办方如何更好地实现体育赛事赞助营销活动。

（一）企业赞助赛事的初衷

现代企业的目的就是获取利润。这也是企业参与体育赛事赞助的最终导向。只不过在这一过程中，企业要实现的是中间环节：提高品牌的知名度，创造更有利的市场环境，更好地履行企业社会责任等。企业进行体育赛事赞助有以下动机。

1. 增加企业业绩，提高市场占有率

体育赛事赞助的形式是从心理上对消费者产生影响。广告的重复性出现使消费者逐渐在心理上能够接受，又因为体育赛场的环境等因素会导致顾客消费偏好的倾斜，使赞助产品的销售额和市场占有率都得到大幅度提升。

2. 巩固和提高企业的品牌影响力

品牌是企业及其产品在市场和公众中所形成的一种具体的个性特征。企业赞助的主要目的就是提高企业及其产品的品牌知名度，为产品树立良好的品牌形象。根据契合度理论，广告营销会对消费者的偏好以及公司形象和产品产生影响。体育赛事赞助作为一种体育营销行为，就必然会影响消费者对公司及产品的形象的认识。企业的品牌与赛事的契合度主要表现在以下几个方面。第一，品牌定位与赛事的契合度，包括品牌的形象、目标市场与赛事的契合度。第二，品牌的发展阶段与赞助时机的契合度，包括品牌的国际化阶段、进入新市场阶段、品牌的重塑阶段与赛事的契合度。第三，品牌资源与赞助层级的契合度。例如，体育赛事的国内、国外 2 个层次等。不同的层次需要的资源、价费等存在不同，企业需要理性应对，不一定最高的价费就会有最好的效应。现在许多企业，尤其是体育产品企业，借助体育赛事的广泛传播而获得品牌的有效宣传。例如，李宁等著名体育品牌，在各个国家的足球联赛中，都有着巨大资源的投入。这些企业与许多著名的体育明星也签有大量的合同。这为企业品牌和企业产品的销售提供了巨大的宣传空间。

3. 与政府建立良好的关系，为企业发展提供良好的社会环境

现代企业的经营活动不仅存在于企业这一主体与消费者之间，还联结着其他社会主体。通常来说，现在的商业活动已经是一个社会结构中的共同行为。特别是在我国，企业的商业活动受到政府或相关团体的影响和制约更大一些。与政府及社会团体进行良好的合作和沟通是现代企业取得成功的一个重要因素。通过体育赛事赞助，能与政府建立良好的关系，为企业的发展提供良好的社会环境。

4. 寻求差异化竞争优势，提高竞争力

产品的同质化指的是市场内的相互竞争的企业生产相同的产品，并且这些产品在物理属性、结构和功能属性、销售服务等方面的差异越来越小，导致产品间的替代关系逐渐增强的情况。产品的同质化使企业在产品方面完全丧失了优势，消费者也会随时找到其他产品来进行代替，因此寻求差异化的产品和竞争方式是现代企业必然选择的一种方式，也是企业成功的唯一路径。

体育赛事不仅表现在外部的激烈竞争、赛场的展现等方面，更多的是传达一种拼搏、勇敢、不放弃的内在精神与文化。例如，奥运会的“同一个世界，同一个梦想”，最初就是为了限制战争等各种暴行而设置的。正因为体育运动这种内在化的精神，其具有极高的社会认同度。企业通过赛事赞助使其品牌更为消费者认同，对于其品牌和企业的外在形象和内在文化的塑造能起到重要的作用。

5. 履行企业社会责任，树立良好的社会形象

许多专家认为，企业进行赞助不仅是商业活动的体现，更是其履行社会责任、进行公益行为的体现。这是企业进行赞助的利他主义动机，而这种动机往往能够使企业的赞助活动获得正向效应，对其品牌和产品的塑造有着巨大的有效性和可持续发展性。由于体育赛事属于一种公益事业，与广大群众的利益和兴趣爱好息息相关，因此，企业的赞助活动会被广泛地认为是公益事业的善举，会得到广大群众的欢迎和认同。

6. 作为沟通手段，培养和提高经销商和代理商的积极性和忠诚度

良好通畅的销售渠道是企业营销成功的一个非常重要的因素。良好畅通的销售渠道能够保证企业产品的流动的正向性。因此，企业要不断进行销售渠道的建设，并要培养和提高经销商和代理商的积极性和忠诚度。在体育赛事赞助中，赞助商有机会获得赛事主办方的一些回馈，如参加招待会，与各方进行交流等。赞助商可以利用这些机会与利益相关者进行各种交流接触，创造良好的社会环境。

企业进行体育赛事赞助的最终目的就是提升品牌效应，树立企业在公众之中的形象，最终达到市场占有率的提高和销售业绩的提升。在当今市场中，企业的竞争不再仅仅是产品、价格等的竞争，更重要的是企业品牌和形象的竞争，因此，品牌战略已经成为企业发展战略中的一个重大战略。在体育营销活动中，体育赛事赞助对提升企业的品牌和形象具有巨大的作用，与企业的战略契合度较高。

（二）企业如何选择并开展体育赛事赞助

体育赛事赞助是体育营销的一部分，是一种包括企业、消费者以及其他社会主体在内的由协同动作和众多要素组成的一个复杂的营销系统。所以，企业在进行体育赛事赞助时，需要对各种资源和因素进行综合考量，对企业内外部的因素进行分析，从而实现整合营销，保

证资源的最优化配置。整合营销有2个优势。一是对市场信息的把握度高。企业能够快速清晰地对赞助对象的所有信息进行获取和分析。二是能够及时地将信息与企业的预算、战略相结合进行考虑，从而减少不必要的成本。企业在整合营销过程中，首先需要整合自身营销功能结构，其次需要综合各种公众资源，运用现场宣传、广告、促销等各种营销手段，激发消费者的购买欲望、动机和行为，展开赞助活动。

（三）体育赛事主办方为需要企业的体育赛事赞助提供良好的合作条件

体育营销的成功，一方面是企业有进行营销活动的积极主动的动机，另一方面是外部环境能为企业的体育营销活动创造有利的社会条件。企业的体育赛事赞助活动是一种体育营销，赛事主办方对企业的吸引程度很大一部分取决于赛事主办方提供的环境和条件能否契合企业的需求。

1. 细分市场，选择赞助对象

细分市场是指根据消费者的差异，将整体的市场进行划分以满足不同消费群体的过程。从体育赛事赞助整体来看，赛事主办方是市场中的卖方，企业是买方，是一个消费者。赛事主办方和企业在营销过程中都有不同的需求和行为特征。整个体育活动不仅是比赛这一过程，还有赛前准备和赛后发布会、赛后总结等多个层次的划分。在不同层级，赛事主办方的需求是多样的，也是有差异的。企业的赞助需求也是有差异的，而且不同企业会由于资源、资金、时间等方面的差异，选择不同层级来进行赞助。因此，根据这2种情况，赛事主办方需要对整个体育赛事赞助市场进行多个细分，在不同的细分市场有针对性地选择赞助企业。这样既符合大部分企业的利益诉求，也能进一步认清市场的潜在需求，结合赛事和体育组织的优势，选择出最好的赞助企业。这是赛事主办方和体育组织市场营销战略的重要内容和基本出发点。

2. 以企业需求为出发点，制定个性化的方案

企业在资源、资金方面的差异导致其需求不同，不同的体育赛事也会有不同的影响力和传播效应，所以赛事主办方首先需要对体育赛事的资源进行整合，同时需要考虑自身的营销战略、企业的差异化需求、目标受众的需求等。一般来说，体育赛事的目标受众与赞助企业的目标受众要有一定的拟合度，而且这种拟合度越高，赞助效果越好。有2个方面是主要的：一是赞助资源的整合和开发，这是制定个性化赞助方案的基础；二是根据企业赞助需求，结合企业的实际情况，制订个性化的赞助方案。所以，体育赛事主办方需要尽可能地开发赛事活动中的营销资源来更多地吸引企业赞助和投资，还要积极地进行市场调查，对不同企业的品牌、价值取向、核心需求进行识别和深入了解，以提供最优的赞助方案。

3. 创造精品赛事，提高赛事的社会影响力

赛事的精彩程度决定着赛事目标受众的规模，也有着不同的社会影响力，最终也决定企业的赞助活动是否能够有效积极地开展。体育赛事主办方和体育组织只有不断地创造精品赛事，使其面向更多的受众，才能提高赛事的社会影响力，才能对企业进行有效的吸引。笔者认为主要从2个方面着手。一是提高体育赛事本身的质量，积极培育赛事品牌。体育组织需要努力提高管理水平和运动技术水平，同时积极开发更多的营销资源，如赛事的新颖性、趣味性、真实性等。例如，随着我国体育赛事的深入发展和职业化、真实化，体育赛事赞助越来越多。2016年，中超联赛的赞助达到80亿元人民币。这就是足球赛事越来越精彩、比赛越来越真实所带来的巨大社会效应。二是加强对体育赛事的宣传和推广，提高赛事的社会影

响力。体育比赛的赛前宣传很重要，不仅要从比赛本身进行资源挖掘，还要在其内在精神与文化方面进行宣传。比如，原广州恒大淘宝的亚冠决赛的宣传就是典型的例子。这场比赛不仅是广州一家俱乐部的焦点，更是我国足球几十年来的一大突破，也是我国足球发展和足球运动员拼搏精神的体现。所以，不仅是广州球迷，全国的球迷的爱国热情也会高涨。这样就产生了巨大的社会效应，也吸引了许多有实力的企业的赞助。

4. 加强网络营销建设，积极拓宽赛事赞助的分销渠道

我国的体育组织的人员多是源于政府部门的人员抽调，因此，在赛事的组织和营销等一系列过程中还缺少良好的现代经济条件下的营销思维与行动方式。所以，在营销过程中，体育组织常寻找中介代理机构对赛事的赞助活动进行市场规划、开发和招标等，以实现最大化地获取赞助资源。具体来讲，可通过开辟和建设体育赛事的分销渠道以及借鉴国外成功的体育赛事的赞助营销网络的构建的方式进行。

5. 加强对赞助企业的回报和服务，确保赞助企业的赞助利益

企业的赞助回报是企业进行体育赛事赞助的根本动力，赛事主办方只有确保企业的赞助利益才能从根本上吸引赞助企业，实现最大化的营销战略。所以，赛事主办方一要合理地开发赞助回报的种类，积极提高赞助回报的质量；二要严格监督赞助回报的实施，确保赞助商的赞助利益。只有这样，企业才会有更大的积极性投入体育赛事赞助活动。

二、体育赛事票务

体育赛事审批制度改革之前，大部分体育赛事由国家或地方体育部门出资进行筹备，有一些商业性赛事举办也是由相关政府部门进行主导的。之前的赛事目的往往是提高城市知名度与城市形象。占据体育赛事收入的三大方面主要为电视转播（广告）、赞助以及票务。因为受我国国情所限制，电视转播这一项被电视媒体高度垄断，形成交易的难度往往非常大，而赞助方面依靠的是强大的宣传效果以及高质量的电视转播。前者的受限导致赞助方面的筹资还是有一定的难度的，而最稳定的无疑是票务的收入。目前，我国的商业性赛事在票务方面还存在着一些问题，即如何将包装好的赛事票务产品进行合理的定价从而在推广过程中对门票进行售卖。之前所提及的商业性赛事诸如亚足联冠军联赛、NBA 中国赛、斯诺克中国公开赛、国际田径黄金大奖赛等一系列赛事都是国内成功举办商业性赛事的成功典例，商业性赛事的举办势必以营利为目的，也必然是通过市场化运作而产生的。这些赛事的成功举办使体育赛事票务的商业化趋于成熟化且出现了以下 3 点发展趋势。

（1）随着政府出资举办赛事渐渐走向幕后，企业出资筹备赛事越来越能将体育赛事转变为一种商品的性质。首先门票成为消费者享受由主办方包装的赛事劳动成果的一种凭证。其次这种凭证的价值是由赛事的质量来确立的。最后就是票务能使主办方与消费者之间形成一种买卖关系，门票的价格直接能体现其商品的价值，所以更适合通过营销手段来研究。

（2）政府出资的比例缩小势必使得企业增加票务收入占据总收入的比重。商业比赛起初政府出面且支持的分量极重。随着体育赛事的商业化发展，赛事的市场运作能力不断地提升，人们的生活水平不断提高，消费意识也逐渐增强，票务的价格自然处于上涨的趋势。票务价格上涨更是使举办赛事票务占据收入总和的比重不断上浮。

（3）生活水平日益提高，人们从追求温饱到享受生活这一本质上的改变使商业性体育赛

事受欢迎程度大大提高。更多的人能够接受花钱购票进入现场进行观看，享受赛事这一服务产品，更直观地参与到赛事当中。

在体育赛事票务营销方面，定价策略与分销渠道是关键工作，在此本书就这 2 个方面进行深入探讨。

（一）**定价策略**

商业性体育赛事极重要的是上座率，因为这将为消费者带来更好的服务氛围，使现场气氛高涨，同时也能最大限度地满足赞助商为赛事推广所能带来的最大推广效应。但是商业性体育赛事最重要的是营利创收，其特性就是以营利为目的，一味地追求上座率势必会影响商业性体育赛事票务收入，更将破坏掉举办体育赛事企业的自身利益，所以在定价方面要在两者之间寻找一个平衡点，不能盲目地只求一项而损失了另一项。盲目追求上座率会影响体育赛事的营利能力，更不利于之后的赛事市场发展以及企业创办体育赛事的积极性，而盲目地追求利益也必然会影响上座率，消费者的消费积极性与赞助商的赞助积极性势必减弱。通常商业性体育赛事票务定价主要采用差别定价的方式，就是将消费群体以消费能力、消费热度、赛事进程、服务质量等作为依据进行划分，从而将票务产品的价格进行差别定价。差别定价总体可划分为服务、消费、赛事忠诚度 3 种。

1. *服务差别定价*

服务差别定价是指根据体育赛事举办的过程中消费者享受体育赛事资源带来的服务质量进行定价，而影响这一定价的因素有很多，诸如区域、时间、体育赛事精彩程度、体育明星运动员、重大体育赛事等，使观众愿意付出更多的价钱享受更好的服务质量。例如，F1 中国大奖赛上海站，不同的看台价格也是 380~3 280 元不等，消费者可以根据自身的消费能力选择其所需要的观看角度。很多商业性体育赛事会根据观众观看区域进行价格定位，位置较好的观众需要付出的金钱往往比位置较差的观众的出很多。这也是一种挖掘消费者最大消费能力的体现，从而实现营利最大化。

2. *消费差别定价*

一般商业性体育赛事会出现团票、套票、预订票等，这种票务形式通过优惠政策刺激消费者的消费决策。团票和套票可根据消费数量的差异进行定价，预订票可根据订票时间与赛事举办时间的差距来定价。这类似于航空公司的订票营销策略，不同的消费差别其价格也是不同的。尽管团票、套票和预订票的价格较低，但是这是一种刺激销量的方式，销量的扩大也能够影响商业性体育赛事票务的最终营利效果。

3. *赛事忠诚度差异定价*

热爱体育且热衷于现场观看体育赛事的消费者愿意付出更高的价格享受更好的比赛，而随着这种赛事忠诚度的降低，消费者的消费积极性必然降低。对这一现象，商业性体育赛事承办企业可以设立团体购票以及学生票的形式来进行定价，前者能够补充上座率，后者能够培养体育赛事消费群体，更是开拓了以后的消费市场。

（二）**分销渠道**

商业性体育赛事的票务分销渠道是指体育赛事票务与消费者之间票务交易过程中，票务产品由主办方流向消费者所经过的组织或者个人。这也决定了消费者所能接触的商家有哪些（中间商、代理商）。而消费者接触到票务的形式也是多种多样的，如直销、网络销售、电话销售、代理销售等。

1. 直销

直销是一种节约成本的销售渠道。体育赛事主办方可以在赛事场地以及其他固定地点设置销售点，与消费者直接交易体育赛事票务产品。虽然这种销售渠道省去了与代理商、中间商的合作费用，节省了成本开支，但是此种营销渠道与消费者接触面有限，一定程度上限制了票务的销售量。当然，面对一些重要的客户以及团购客户，体育赛事主办方会使用其建立的直销团队进行销售。

2. 网络销售

人们在选定购买商业性体育赛事门票的方式上，网络占据了很大的比重。作为一种新的销售方式，网络销售的自身缺陷以及影响消费人群的因素主要有以下 3 点：一是网络销售过程中票务销售的售后问题以及票务真伪鉴别的实时性；二是网络销售过程中消费者支付安全性以及商家的可靠性；三是网络销售过程中体育赛事票务文化传播性。

3. 电话销售

电话销售是指体育赛事主办方建立票务热线，通过电话销售的方式进行票务营销。在票务营销过程中，主办方需要对电话销售人员进行严格的培训，以便其为消费者阐述体育赛事信息以及任何与票务相关的信息。电话销售人员可将消费者需求信息进行收集，建立客户资料库，从而为以后承办体育赛事建立销售的潜在客户群。

4. 代理销售

代理销售是赛事票务销售的主要分销渠道。体育赛事主办方与票务代理商进行合作，主办方付出一定的佣金委托票务代理商通过其企业品牌、销售渠道、客户群体和销售经验来对体育赛事票务进行销售。代理销售能够更广泛地接触到各种销售群体，体育赛事主办方可以利用金钱刺激代理商的销售积极性，从而达到营利最大化的目的。

三、体育赛事转播权

体育赛事转播权是指以体育赛事竞赛、活动为基础，由体育赛事主办单位通过电视、互联网、广播、文字等其他媒体机构对比赛现场图像、声音等形式进行赛事转播、录播、报道的许可以及相关利益的拥有权。此项权利主要分为 2 个方面：一是体育赛事主办单位通过一定手段进行裁定，予以某一电视、广播、互联网等机构对比赛进行相关报道、转播的权利，以及对已经被授权的单位提出相对应条件的权利；二是体育赛事传媒机构要对比赛活动以及相关活动进行报道、转播，要以一定方式获得这种权利。我国体育赛事转播权在以商品形式进行出售之前，体育赛事的转播是免费的，比赛大部分费用由政府赞助，使得体育赛事的营利性不强，导致很多体育比赛组织工作受阻，市场活跃度低。从目前我国体育赛事各项政策出台及实施来看，我国体育赛事转播权营销必然会使企业在承办赛事过程中获得非常可观的利润。

体育赛事转播权在西方发达国家已经形成了趋于完善的营销模式。相比于西方发达国家，我国仍然处于发展初期。对西方发达国家体育赛事转播权营销模式的借鉴是我国在此方面发展的有效途径。从西方发达国家体育赛事转播权营销模式来看，不同的体育组织对体育赛事转播权营销模式的运用也不同，各个体育组织各取所长，采取联合营销策略的方式来达到营利最大化的效果。

从所有者立场划分，从目前体育赛事转播权分配持有者的角度来看，我国体育赛事转播权主要营销模式有以下 3 种。

第一，体育赛事组织集中销售。体育赛事转播权由各大赛事组织机构 (主办方、俱乐部联盟、参赛成员单位等) 向媒体机构进行销售，从而获取收入，取得收入之后再由各个成员单位进行重新分配。

第二，参赛单位组织销售。这种体育赛事转播权主要由各大体育赛事的参与机构（俱乐部、参赛成员单位、体育队伍等）对媒体进行销售。通常这种营销模式因为高价值的赛事转播权带来的高效益，会被体育赛事竞赛成绩优异的参与机构使用。

第三，中介组织销售。体育赛事主办方或者体育赛事的参与单位将体育赛事转播权出售给中介组织，通过中介组织将体育赛事转播权销售给媒体机构。

我国体育赛事转播权营销处于发展初期，大部分体育赛事转播权营销只针对国内市场，相对来说，购买体育赛事转播权的媒体机构数量较少。这就使采取直接谈判的方式进行交易比较方便。随着我国体育赛事的不断发展，势必会有越来越多的国际媒体机构来合作。这种情况会使体育赛事的谈判成本大大上升。相比于国内媒体机构来说，与国际媒体机构进行谈判会使体育组织者没有过多的精力来应对，由此便出现了第三方中介机构。体育赛事组织者将部分或者所有转播权交给中介机构进行销售。

从体育赛事转播权权利分解的角度划分，体育赛事转播权的营销模式主要有以下 2 种。

第一，集中竞卖。集中竞卖是指体育赛事主办方将体育赛事竞赛期间特定时间段内所有的赛事转播权进行整合并统一销售给专业媒体机构的行为。集中竞卖有 2 种形式：其一，以当届体育赛事作为整合目标，把各种与体育赛事转播权相关的产品打包销售；其二，将多届体育赛事作为整合目标，把各种与体育赛事转播权相关产品进行打包销售。

以当届体育赛事为整合目标，将与转播权相关的产品进行竞拍销售，由各大媒体机构进行竞价购买之后再由专业媒体机构进行营销，能够将资源集中，减少分散销售的成本，且在集中资源的同时提升与转播权相关产品的稀缺性，方便体育赛事主办方获取更多的利益；体育赛事转播权相关产品的竞拍销售又能够通过媒体间互相竞争体现媒体的自身实力，且能够提升产品的身价，从而获得更大的营利。

以多届体育赛事作为整合目标，将转播权相关的产品进行销售，是指体育赛事主办方将多届体育赛事的转播权以媒体机构竞拍的形式进行集中销售。这种销售模式与当届销售模式相同，当届体育赛事集中销售时节约了资源，分散销售成本，而多届体育赛事集中销售在此方面的成本更为节约。多届体育赛事转播权相关产品整合销售，还能够为主办方降低体育赛事举办风险，是一种快速回笼资金的方式，且能够提高利润收入。

第二，打包销售。打包销售是有效考虑媒体的性质、体育赛事竞赛特点和受众人群分析，将体育赛事转播权进行分割，以媒体形式进行打包出售的一种行为。

通过对媒体形式进行分析，主要可将体育赛事转播权分为以下几种。

（1）电视媒体：作为体育赛事转播的主要形式，电视媒体通过竞拍的形式从体育赛事主办方获取体育赛事竞赛及相关体育表演活动时直播、录播、转播、新闻报道、赛事集锦等的转播权利与营利权利。体育赛事转播的核心是赛事竞赛，所以电视转播权将比赛内容分为与体育赛事竞赛相关的新闻报道权、比赛转播权和赛事集锦权 3 个部分，媒体对体育赛事比赛画面使用时间超过 3 分钟就必须要购买新闻报道权；要进行体育赛事竞赛直播、录播赛事回放等行为就必须购买比赛转播权；媒体在报道过程中播放集锦画面在 15 分钟以上就需要购买赛事集锦权。这里需要说明的是，比赛转播权与赛事集锦权是分开的，购买了比赛转播权并不代表其有权利将体育赛事竞赛视频精彩片段进行剪辑播放。随着数字电视的普及，数字电视供应商还为消费者提供了赛事点播的权利。这是观众根据需求向数字电视供应商提供资金来换取服务的一种行为。全球性体育赛事还会根据时差、媒体覆盖范围、体育赛事普及等因素将体育赛事竞赛转播权的价格进行调整。电视转播权还可以根据电视媒体的性质划分为有线电视、无线电视以及卫星电视 3 种转播权，也可以根据地域划分为国际、国家、城市以及地区的转播权。

比赛转播权打包销售还可以根据购买体育赛事竞赛转播权机构的性质以及其所拥有的频道类别进行差别销售。体育赛事主办方优先开放赛事转播单位的覆盖性，如全国性覆盖的电视节目需要购买全国性的体育赛事转播权才能够进行转播行为，此版权不涵盖全国范围内所有频道转播权。全国性体育赛事转播权也分有线电视、卫星电视、无线电视。首先，地方电视台购买版权只能够在其覆盖范围之内指定频道进行播放，若超出覆盖范围则需要另行购买；其次，体育赛事主办方需要确认购买版权的种类如新闻报道权、比赛转播权、赛事集锦权，依照国际版权出售惯例购买了体育赛事转播权的传媒机构有权利在自己的广告中使用体育赛事竞赛画面，但是在新闻中使用体育赛事竞赛画面超过 3 分钟则需要另行购买新闻报道权，即便购买了赛事集锦权的媒体机构单次播放体育赛事片段中间也要间隔 6 小时以上。

（2）网络媒体：网络媒体转播是指以互联网为传播途径使用新型电子产品终端对体育赛事竞赛信息进行转播。网络媒体转播权包括与体育赛事相关的视频播放权、直播权、新闻报道权等权利。以我国目前网络媒体转播权来看，其主要依靠电视信号的授权方式（如数字电视），但是在发展过程中已经出现网络媒体脱离传统媒体单独获取权利的情况，各大网络媒体对体育赛事的直播相比于传统媒体更为全面。

（3）纸质媒体：因为消费者接收信息的形式不能将赛事竞赛相关报道定义为赛事转播权，只能退而求其次将纸质媒体对赛事的转播权定义为赛场新闻报道权或者体育赛事竞赛信息内容转播权。赛场新闻报道权是指经过主办方许可进入赛场对赛会、赛事、教练员、运动员等进行采访报道的权利，体育赛事竞赛信息内容转播权指的是收集、转载其他媒体与赛事竞赛相关信息的权利。

（4）其他新媒体：其他新媒体包括车载电视、手机媒体等对体育赛事转播权开发的新兴媒体，其对赛事的转播权是指对赛事进行视频、新闻、移动电视视频等内容的转播使用权等。

四、体育赛事广告

（一）体育赛事广告商机

体育赛事关注度高且涵盖面广，决定了体育赛事广告营销的巨大价值和商机。体育赛事广告营销具有两大特性：一是体育赛事涉及范围广泛，影响群体多；二是体育赛事承办操作负责程度高且营销价值高，这是很多行业所无法比拟的。以体育赛事为媒介的营销影响广泛这一特点创造了巨大的信息传播空间。目前我国体育赛事广告商机主要体现在以下几个方面。

1. 体育赛事用品广告商机

在体育赛事中，很多赛事用品具有唯一性以及广泛性，如体育赛事专用道具、比赛用品、服装、办公用品等。企业通过赞助体育赛事对企业产品进行宣传。体育赛事用品在比赛中，主要分为两大类：一是体育赛事专用服装。不同的项目所需要的服装均不同，如体操、足球、冰上项目、水上项目这些体育项目的服装差异巨大，但是却给体育赛事广告带来了巨大的机会。企业可以根据自身的条件对特定的项目服装进行赞助，从而达到广告效应。体育赛事的举办必然会有胜负，颁奖典礼的出现更会受到众人瞩目，那么体育赛事颁奖典礼的服装赞助更是一项值得投入的广告。二是体育器材。体育器材是体育赛事不可缺少的道具，如足球、篮球、体操器械、赛场器械等。随着商业比赛激烈程度的不断提升，体育赛事的关注程度也不断提升，体育器材必然会受到体育爱好者的关注，体育赛事的体育器材赞助无疑是企业产品的有利且有垄断性质的广告。

2. 体育赛事场地广告商机

以体育赛事为媒介的宣传企业注重的是消费者的关注度，体育赛事竞赛无疑是凝聚观众目光的较好方式。体育赛事中常见的围栏、电子屏幕、场地广告（如篮球地面广告）、场馆内外广告等都具有极高的广告营销价值。

3. 体育赛事广告的植入商机

体育赛事广告随着体育赛事的进行所能够提供植入的机会非常多，如赛事场馆、体育器材、运动员服装用品、食宿等，其商业价值也随着体育赛事价值的提升而提升。体育赛事广告以植入的形式进行传播有其独到的优势：一是体育赛事广告植入融于体育赛事本身，其表达方式比较含蓄，更易于减少观众的抵触心理，从而使观众更易于接受广告所要表达的信息；二是体育赛事广告的投入传播的受众人群不仅是赛场上的观众，转播等多种传播的形式所带来的宣传效果也使体育赛事的传播面积不断扩大；三是体育赛事广告的植入以体育赛事为媒介，不会因为广告的宣传效果影响体育赛事的宣传效果，反之，体育赛事宣传效果越好，体育赛事广告的宣传效果也越突出。

4. 体育赛事相关活动冠名商机

冠名在体育赛事广告中属于一种特殊的广告形式，一般是企业为了提升自身的社会地位、知名度与影响力的一种宣传。目前此类广告主要包括以下几种宣传形式：活动名称标注、节目播放片头/片尾标版、主持人词稿、现场传告等。体育赛事活动冠名这种广告形式具有唯一性，冠名方享有此项活动的唯一广告权。与激烈的体育赛事相比，体育赛事相关活动比较轻松，观众在享受活动娱乐性的同时也能够轻松地记住此项活动冠名方所要表达的信息，从而达到广告宣传的目的。

（二）体育赛事广告价格制订

体育赛事广告价格制订是随着体育赛事关注度而变化的，企业对广告的投放也是如此。为了处理好体育赛事广告价格的制订，必然要经过系统的分析，制订出合理的价格策略。

（1）体育赛事主体广告价格制订：消费者关注的是体育赛事的主体，如运动员、场馆、赛事激烈程度等，这类广告的价格是营利的主体，也是主办方保证广告投放的根本。

（2）体育赛事相关活动广告价格制订：因为此类广告产品多以冠名形式出现，具有垄断性，所以可根据活动的关注程度进行广告价格制订。

（3）体育赛事用品广告价格制订：随着体育赛事的进行，消费者可以直观地感受商品的信息，方便消费者对商品进行准确评价。体育赛事用品广告是一项具有垄断意义的投放，随着相关项目的推广，产品的价值不断地提升，更是能够提前占据同类别体育用品市场。

（4）时间段广告价格制订：这与票务销售的价格制订有相同的效果。体育赛事的关注程度跟赛事的时间也有一定的关系，对于时间段不利于观众观看的广告，可以通过降低营利以求赞助的方式来制订价格。

（5）植入式广告价格制订：此类广告在商业性体育赛场出镜率高且投放量广，但是不可盲目植入，毕竟过多的企业参与其中，企业的传播效果必然会大打折扣，所以主办方要在量与价之间找好一个平衡点，以达到主办方与广告投放商之间“双赢”的局面。

根据以上分析，体育赛事主办方应当根据广告的分类制订出一个有梯度的价格，企业可根据自身的实力与需求进行选择性投放。有梯度的广告价格制订可以使实力雄厚的企业选择关注度高、时间段好的体育赛事进行广告投放，塑造企业形象；而实力相对较弱的企业可以选择相对经济适用的广告产品，在节约成本的同时借助体育赛事提升企业形象。

从我国目前商业性体育赛事的广告价格策略方面来看，目前我国商业性体育赛事均以招标预售的方式进行营销，主办方将体育赛事广告以梯度价格进行招标预售，在减少广告价格的波动幅度的同时做到营利最大化。从企业角度来看，商业性赛事的广告投放多以挖掘体育赛事精髓为前提，广告所宣传的内容应与赛事契合度高，并且企业在广告宣传方面要做到差异化，千篇一律的广告无法达到企业所期望的宣传目标。这就要求广告投放之初的设计与定位要具有严苛、新颖、有内涵且易于消费者吸收信息等特点。

（三）体育赛事广告投放出现的问题及解决方式

1. 体育赛事广告投放出现的问题

目前我国体育赛事广告投放出现的问题主要表现在以下几个方面。

（1）广告形式模式化。

以 2012 年伦敦奥运会和 2008 年北京奥运会为例，其广告主要分为贴片广告、栏目特约、冠名、植入广告等形式。虽然此类广告暂时能够满足很多企业的需要以及能够得到消费者暂时的认同，但是一旦此类形式的广告没有达到预期的效果，就可能会直接影响企业对广告的投放量。广告的形式需要不断地创造出新意，才能够为广告增添活力。

（2）企业广告与赛事契合度不足。

对于大部分企业而言，体育赛事广告能够在短期内提高企业的知名度，更是能够迅速地宣传企业产品、文化、服务质量，甚至是提高并且稳固品牌形象，但是并不是所有的企业都适合使用体育赛事广告这个方案。贸然开展体育赛事广告，将其产品盲目地绑架在体育赛事之上，必然会产生一系列问题，如企业品牌定位不准确、与赛事契合度不足、广告深度不够等问题。

（3）建立明星效应缺乏考虑。

体育明星成为某体育赛事或者某品牌的代言已经不足为奇了，体育明星代言从原有的运动产品发展到各个领域的成功案例更是不在少数。但是企业在选择体育明星作为广告代言的同时应当考虑周全，如在 2012 年伦敦奥运会期间，宝马、伊利和舒肤佳同时选择了刘翔担任其旗下商品的代言人，虽然刘翔作为多次打破世界纪录的运动员，其知名度和号召能力非常高，但是多家企业选择同一运动员必然会使观众在提及刘翔时无法想到某一特定产品，这其实削弱了明星代言的影响力，更影响了企业在投放广告时所期望的营销效果。

2. 体育赛事广告投放问题的解决方式

随着我国体育赛事的发展、消费者挑剔程度的提高，体育赛事广告投放的隐性问题会不断地被放大化，所以当务之急是针对问题提出相对应的解决方法。

（1）创新广告形式。

针对目前我国体育赛事广告模式化的问题，关键是要在广告形式上做出新的突破。体育赛事主办方可以通过市场调研的方式分析客户以及观众的需要，根据分析结果挖掘广告资源和创新广告形式，从而设计新的广告产品。例如，“NBA 中国赛”是我国体育赛事中极具影响力的赛事之一，具有丰富的广告资源，如果能够根据众多客户的需要挖掘新的广告资源并且不断地创新广告形式与广告产品，那么，主办方势必能够吸引更多的企业进行广告投放，从而增加广告收入。反之，该赛事可能随着时间的推移，无法适应市场的发展，从而无法吸引企业来投放广告，降低体育赛事商业优势与市场价值。

（2）挖掘广告深度。

企业投放广告对于企业营销来说是非常重要的，也是企业宣传自身商品、服务、企业文化以及企业品牌的核心途径。体育赛事广告与体育赛事契合度高才能达到更好的宣传效果。不考虑契合度问题强行将企业广告与体育赛事进行捆绑，结果只能是浪费财力、人力与物力且无法达到预期目标。

体育赛事广告营销就是企业以体育赛事相关内容(比赛项目、服务、人物、事件等)为媒介，向消费者传达其想要宣传的目标信息，所以在任何时候，企业在广告投放之前都要寻找切入点，以成功将广告与体育赛事相关内容进行对接。以李宁和安踏为例，2008 年北京奥运会开幕式上我国体操王子李宁手擎火炬以飞人的形式打动现场的观众，也一度成功地将观众的焦点从李宁的人转移到企业上，从而达到了轰动性的传播效果；安踏作为奥运会赛会中国队套服赞助商也是名利双收，在颁奖典礼上奥运健儿的风采令人着迷，而其身着的服装品牌就是安踏。这 2 个案例是值得借鉴的。

（3）明星效应。

从企业通过体育明星代言广告成功案例来看，它们都有一个共同的特点：体育明星个性与企业所宣传的目标统一。体育明星代言效果随着运动员自身价值的提高而提高，但选择体育明星代言应优先考虑的并不是名气与性价比，而应充分考虑体育明星个性是否与企业想要宣传的目标的核心价值匹配。以豪车品牌“法拉利”选择“飞人”尤塞恩·博尔特作为代言为例，尤塞恩·博尔特给观众所带来的第一印象就是快，先后多次打破 100m / 200m 世界纪录，其个性与法拉利汽车速度的追求一致。这就是体育明星代言的成功案例，也是之后企业在选择体育明星代言时的可借鉴案例。

复习思考题

1. 体育赛事营销管理的流程主要包括哪 4 个方面？
2. 我国体育赛事转播权主要营销模式有哪 3 种？
3. 体育赛事广告投放问题的解决方式有哪些？

第八章　体育赛事的人力资源管理

第一节　体育赛事人力资源概述

一、体育赛事人力资源的含义与构成

（一）体育赛事人力资源的含义

自管理学大师彼得·德鲁克在《管理的实践》中率先提出了人力资源的概念之后，众多研究者从不同角度对人力资源的概念进行了阐释，主要可以分为广义上与狭义上的理解：广义的人力资源泛指一切智力正常的人口，狭义的人力资源则侧重于人的能力。在体育人力资源的研究上，王德炜认为，体育人力资源是表现在体育人口身上的、以体育人口的数量与质量表示的资源。广义的体育人力资源是指体育组织内、外一切能够推动体育事业发展的智力和体力劳动者的总和。狭义的体育人力资源是指体育组织内接受过体育专业培养教育，或受过专门体育训练和培养的，能为体育事业发展创造价值的人。依据文献研究，本书认为体育赛事人力资源是指在体育赛事组织中一切为推动体育赛事发展、实现体育赛事既定目标而工作的人员及其能力的总和。

（二）体育赛事人力资源的构成

刘清早认为，体育赛事人力资源主要由 4 部分人员构成：第一，付薪人员，包括委派人员、借调人员、专职人员和兼职人员；第二，志愿者，指在体育赛事运作过程中自愿提供无偿服务的工作人员；第三，合同商工作人员，是指在体育赛事运作过程中，受赛事的供应商、赞助商及其他签订合同单位的委派，提供产品和服务的工作人员；第四，技术官员，是指裁判人员、辅助裁判员及相关技术人员。王守恒等则把体育赛事人力资源的人才类型分为雇佣者和志愿者两大类。雇佣者分为稀缺型人才、核心人才、辅助人才和通用人才；志愿者包括技术型志愿者和服务型志愿者。

根据需要，本书将体育赛事人力资源是否获取薪酬回报作为划分条件，将体育赛事人力资源分为体育赛事组织工作人员和体育赛事志愿者。目前，我国的大型体育赛事采用的组织体制是典型的政府部门主导、其他政府相关部门共同参与的组织委员会制。赛事组委会的工作人员主要由赛事举办地的政府机构和事业单位在职人员抽调构成，同时根据工作的需要，赛事组委会面向社会公开招录一部分工作人员，充实到赛事组织工作队伍之中，这些人员共同构成了体育赛事人力资源中获取薪酬的赛事组织工作人员。体育赛事志愿者也是赛事成功举办的重要人力资源。体育赛事志愿者的志愿服务是体育赛事人力资源管理中的重要组成部

分，现代大型体育赛事中无处不见志愿者的身影。他们在为比赛提供咨询指引、接待帮助、秩序维护、联络传达、竞赛训练、安全保卫、翻译宣传等专项服务的同时，也成为现代城市形象宣传的一张亮丽名片。

二、体育赛事人力资源的人才类型

（一）雇佣者

1. 稀缺型人才（或称高级技术人才）

稀缺型人才是指那些在某些领域里具有专长的专业技术人才。体育赛事组织中的稀缺型人才多指那些在体育赛事及相关服务领域里的相对缺乏的高科技专业技术人才。例如，在体育赛事领域里的信息技术、计算机软件开发、通信技术、兴奋剂检测技术、体育法律、财务等方面的稀缺型人才，具有专业能力突出、技术水平较高的特点。

2. 核心人才（或称高级管理人才）

核心人才是指具有领导能力的组织型人才。体育赛事组织中的核心人才多指具有控制和管理体育赛事及相关附属领域的人才。例如，体育赛事管理层面中不同层面的领导者、场馆管理者、项目管理者、各个体育赛事相关部门的负责人，具有素质全面、能力突出的特点。

3. 辅助人才

辅助人才是指能够协助组织领导者完成工作的相关专业人才。体育赛事的辅助人才是指协助体育赛事管理者完成赛事所要达到的目标的专业工作人员。例如，体育赛事管理运作过程中的信息通信技术、兴奋剂检测等方面的专业工作人员，各代表团和各项目以及各个比赛场馆的翻译与接洽人员等，具有专业性强、操作技能水平高的特点。

4. 通用人才

通用人才是指知晓不同层面、不同领域知识，但缺乏专业深度的人才。体育赛事的通用人才多指能够在体育赛事及相关服务领域进行较为一般性工作的具体操作人员。例如，体育赛事管理运作过程中不同部门的具体办事人员、场馆具体工作人员等，具有相融度高、可调配性强的特点。

（二）志愿者

1. 技术型志愿者

技术型志愿者是指在体育赛事相关部门参与技术工作服务的志愿者。例如，比赛技术数据统计员、比赛宣告员、翻译、场馆联络员、场馆设施维护人员、官员联络员、随队联络员、媒体协调员等。

2. 服务型志愿者

服务型志愿者是指在体育赛事及其相关服务领域参与服务工作的志愿者，包括体育赛事官员、贵宾、运动员的接待人员，颁奖司仪，升旗手，场馆引导员，场馆服务人员，专门为残疾人服务的志愿者等。

三、体育赛事人力资源的组织结构

体育赛事的管理思想在一定程度上会决定体育赛事的组织结构，同时，一个适宜的组织结构有助于管理思想的贯彻，也有助于体育赛事组织目标的实现。人力资源的组织结构是指在组织内关于职务及权力关系的一套形式化系统。它阐明了各项工作如何分配、谁向谁负责及内部协调的机制。

根据体育赛事的性质，可以将体育赛事人力资源的组织结构分为一次性的组织结构和连续性的组织结构，也可以划分为职能型体育赛事组织结构、项目型体育赛事组织结构和矩阵型体育赛事组织结构 3 种类型。

（一）职能型体育赛事组织结构

职能型体育赛事组织结构对于连续性的体育赛事较为适用，因为各工作部门的设置是按赛事专业职能和管理业务划分的。它的特点是分工较为固定并且比较明确，有利于长期的管理。例如，各种洲际或国家的联赛多采取此种组织结构。

（二）项目型体育赛事组织结构

项目型体育赛事组织结构在一次性的体育赛事中较为多见。每个工作部门只有一个上级领导部门，上级领导部门在其所管辖的范围内对直接下级具有指挥权，下级部门必须绝对服从。

（三）矩阵型体育赛事组织结构

矩阵型体育赛事组织结构适用于一次性的和连续性的体育赛事。其特点是既有集中管理又有分散管理；既能够横向管理，又能够纵向管理。在这种组织结构中，工作部门可分为两大类：一类按照纵向设置，可以按照管理职能设立工作部门，实行专业化分工对所管理的业务负责；另一类按照横向设置，可以按照规划目标进行划分，建立对规划目标总体负责的工作部门。横向与纵向的结合管理形成矩阵型体育赛事组织结构。

第二节　体育赛事人力资源管理过程

体育赛事作为一次性的项目活动，有着明显的时效性，体育赛事的人力资源管理有着十分具体的要求，因此，体育赛事人力资源管理计划的制订与实施就显得尤为重要。体育赛事人力资源管理包括人力资源规划、开发、合理配备、准确评估、适当激励、团队建设、能力提高等。

根据戚安邦（2003）的项目人力资源管理模型（图 8–1），项目人力资源管理内容包括项目组织规划、人员获得与配备、团队人员开发、团队建设 4 个基本方面。

而 Gets（1997）认为大型活动不同于一般项目，在人力资源管理方面具有其特殊性，于是他建立了大型活动人力资源管理模型（图 8–2）。结合场馆运行的实际情况，体育赛事人力资源管理分为入驻场馆前计划阶段、入驻场馆阶段和撤离场馆阶段 3 个阶段，包含人力资源规划、人员招聘和选拔、人员培训和演练、人员考评和激励、团队建设、人员撤离 6 项管理流程，现分别进行阐述。

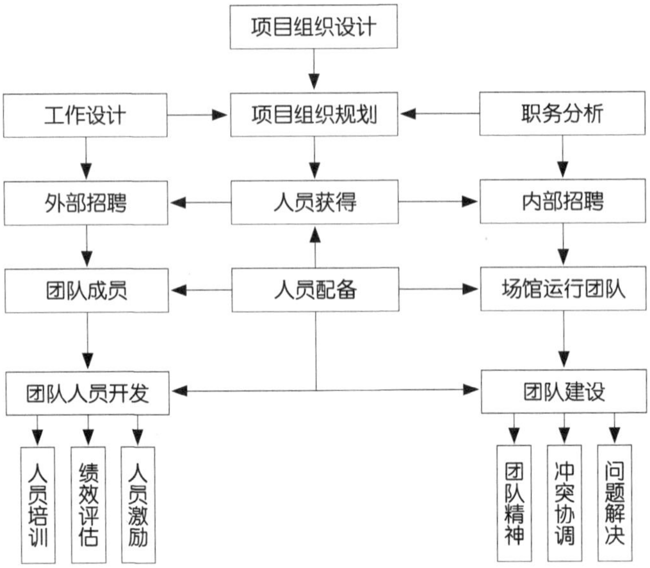

图 8-1 项目人力资源管理模型

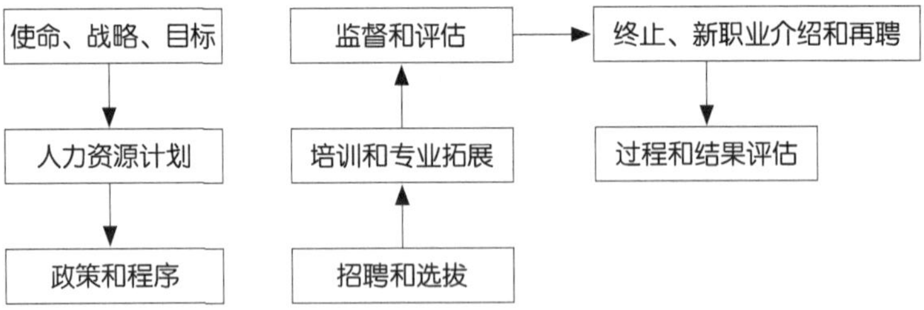

图 8-2 大型活动人力资源管理模型

一、体育赛事人力资源规划

体育赛事人力资源规划就是为了实现场馆运行目标，对所需人力资源需求进行预测，并为这些需要而预先进行系统安排的过程。

（1）体育赛事人力资源规划是为体育赛事目标的实现服务的。这就决定在制定之前必须清楚地理解和认识总体发展战略、目标、实现目标的途径以及关键人员的能力素质、数量。

（2）预测体育赛事的人力资源需求状况。体育赛事人力资源需求变化大、参与人员复杂、人员流动性大，因此对需求的预测难度较大，不容易把握。国外学者詹姆斯·W. 沃克提出了简单预测模型、组织变化模型、最优化模型和综合模拟模型 4 种不同的人力资源供需状况预测模型。人力资源供需预测是人力资源招聘、选拔和培训等相关政策制定的依据，其方法的选择直接决定其预测的准确性。

（3）预测体育赛事人力资源的供给情况。国内体育赛事人力资源可以来源于政府机关、企事业单位、学校在岗工作人员，也可以从社会上公开招聘。例如，全国第 7 届农运会体育赛事人员都是从各个单位抽调的，不存在人员的招聘和选拔。

（4）在分析比较人力资源的供需状况之后，人力资源规划的制定还要与体育赛事的目标相符合，要与其他规划相协调，最后制定出具有前瞻性和动态性的人力资源政策和措施。

（5）制定的政策和措施需要交付给组委会高层进行审核和批准。表 8-1 为 2008 年北京奥运会场馆运行团队技术业务口人员计划表。

表 8-1　2008 年北京奥运会场馆运行团队技术业务口人员计划表

序号	岗位名称	职位	序号	岗位名称	职位
1	技术经理	业务经理	26	成绩打印分发助理	业务助理
2	成绩经理	业务副经理	27	技术支持协调员	业务助理
3	综合事务经理	业务副经理	28	信息技术现场技术支持	业务助理
4	成绩副经理	业务副经理	29	英特尔与打印机技术工程师	业务助理
5	信息技术经理	业务副经理	30	现场技术支持助理	业务助理
6	信息技术副经理	业务副经理	31	固定通信交换工程师	业务助理
7	通信经理	业务副经理	32	固定通信终端工程师	业务助理
8	技术副经理	业务主管	33	集群支持工程师	业务助理
9	音视频设备技术工程师	业务主管	34	集群设备分发助理	业务助理
10	计时记分及成绩处理系统主管	业务主管	35	移动应急通信工程师	业务助理
11	信息发布主管	业务主管	36	服务台通信助理	业务助理
12	成绩打印分发主管	业务主管	37	媒体通信助理	业务助理
13	中文信息显示系统主管	业务主管	38	固定通信传输及数据工程师	业务助理
14	技术支持主管	业务主管	39	网络技术工程师	业务助理
15	通信副经理	业务主管	40	场馆音频设备工程师	业务助理
16	有线电视服务主管	业务主管	41	视频设备技术工程师	业务助理
17	通信技术支持主管	业务主管	42	计时记分及成绩处理系统助理	业务助理
18	集群通信主管	业务主管	43	场馆技术经理助理	业务助理
19	移动通信主管	业务主管	44	移动基站工程师	工作人员
20	固定通信主管	业务主管	45	复印工程师	工作人员
21	布线技术工程师	业务主管	46	头戴设备工程师	工作人员
22	成绩处理系统工程师	业务主管	47	打印分发副主管	业务助理
23	信息发布工程师	业务助理	48	场馆布线主管	业务主管
24	中文信息显示系统工程师	业务助理	49	无线电频率管理工程师	业务助理
25	中文信息显示系统助理	业务助理	50	无线电频率管理主管	业务主管

二、人员招聘和选拔

人力资源管理的一个关键环节是获得、培训和使用团队成员，而场馆运行团队人员获得就是指人员的招聘工作，即采用各种方法获得足够的、合适的、高质量的人力资源。

（1）根据体育赛事人力资源规划，从人物、数量、质量、财务、时间和可用空间等方面做出详细的人力资源招聘计划。

（2）发布招聘信息，由于招聘方式、职务、岗位、数量、时间的不同，招聘信息的发布时间、方式、渠道和范围也不尽相同。

（3）体育赛事组织人员的选拔。体育赛事是一次性活动，不可逆，周期相对较短，一旦招聘人员存在问题或无法胜任自己的岗位，几乎没有可能去纠正，因此人员选拔需要经历资格审查和初选、心理和智能测试、面试、笔试、体检等程序，而且选拔过程要严格。

（4）录用人员签订试用合同，并被安排上岗试用，在试用期结束后签订合同并被正式录用。当然很多体育赛事由于时间紧，可不采用试用期而直接正式录用。

三、人员培训和演练

人员培训和演练是赛前备战的主要任务，也是确保体育赛事成功的重要措施。培训工作贯穿于计划和备战的不同时期，分为统一组织的培训和各业务口分别组织的岗位培训 2 种形式。赛前备战期，主要结合体育赛事的任务以及人员到位的时间，分批次组织培训。培训工作由人事业务口统筹安排，相关业务口配合。针对体育赛事的特殊性，人力资源的培训多数是短期的和针对性强的专业培训。一般来说，培训内容是赛事相关资料以及任务所需的基本技能和素质，目的是提高团队成员的工作技能、专业技术水平和工作绩效，使之能够更好地履行岗位职责。培训一般包含基本技能培训和基本素质教育 2 个方面，分为岗前培训和在岗培训 2 种形式。朱莉娅认为，培训的内容涉及体育赛事的基本情况简介、赛事安排、场地情况特别是关键设备设施的位置（厕所、餐厅、急救中心等）、角色和职责、工作纪律、工作流程、换班和休息的时间及区域、向谁汇报和询问、设备使用、如何辨认证件和标志。例如，2008 年北京奥运会通用培训系列教材共 11 种 13 册，重点介绍了奥林匹克的基本知识、2008 年北京奥运会和残奥会的简要情况、各行业服务保障人员的素质要求以及与奥运会相关的英语知识。

体育赛事演练工作以制定应急预案为基础，通过模拟赛时运行场景，组织实战单位参与演练。体育赛事演练实施方式包括桌面演练、模拟地点演练、场馆实地演练、着装彩排、试运行赛等。

（1）桌面演练，各业务口都要结合各自的运行计划，特别是运行政策、程序和应对预案参与桌面演练。

（2）模拟地点演练，其目的是检验团队成员应急反应和集群通信系统，在场馆硬件设施不满足模拟地点演练要求的情况下，可在场馆内或场馆外其他地点组织演练。

（3）场馆实地演练，竞赛组织以及与竞赛组织相关的业务工作如体育展示、颁奖仪式、医疗服务等，均应组织场馆实地演练。

（4）着装彩排，开闭幕式等大型表演应组织着装彩排。

（5）试运行赛，不是所有的办赛场馆都需要采用试运行赛来检验，但是新建场馆或重新装修的场馆可承接小型单项比赛作为试运行赛，综合测试场馆办赛的情况，及时发现问题，避免正式比赛时出现类似的风险事故。

四、人员考评和激励

无法准确考评和缺乏恰当的激励手段将难以调动场馆运行团队成员工作的积极性，特别是无私奉献、不拿报酬的志愿者。考评首先要从标准的确定开始，一般包含工作业绩评价、工作能力评价和工作态度评价三大方面。首先，确定标准需要考虑内容的可操作性、可测性和易理解；其次，一旦确定标准后应该告知团队成员，并及时收集和分析反馈信息，接着进行业绩评定，结合赛事实际情况，选用合适的评估方法；最后，将测评结果与实际表现进行对比，如发现问题则及时进行矫正。

参与体育赛事对于大部分参与者是难得的机会，无论是受薪人员还是志愿者，金钱都是次要考虑的。按照美国心理学家亚伯拉罕·马斯洛的需求层次理论，场馆主任应该多从成员的自我实现需求角度来考虑如何激励，根据场馆运行团队成员的能力，给每一位成员设定合适的岗位和目标，让他们在工作中发挥自己的特长，在实现目标中得到奖励。林恩认为，取得工作成就并获得认可能够对团队成员产生巨大的激励作用。他列出了有形奖励方式，如将某种商品作为奖品、提供门票、安排出席活动、颁发获奖证书、书面记载其所做的工作、提供高级餐饮待遇、提供制服、提供证章和纪念品等；同时列举了部分无形奖励方式，如安排会见体育明星、通过媒体报道奖励、培训和技能拓展、口头表彰等。

五、团队建设

团队建设是将场馆运行团队组织起来实现场馆运行目标的过程，是场馆主任以及团队成员共同的职责。根据心理学家布鲁斯·塔克曼的研究，团队建设一般包括形成阶段、震荡阶段、正规化阶段、辉煌阶段和结题阶段。大型体育赛事场馆运行团队人员类型众多、内部结构复杂，因而场馆运行团队建设需要采用不同的手段。

场馆运行团队建设是团队成员定向和社会化的过程，同时也是创造一种自信和开放的气氛，使成员有归属感及统一感，在组织内感到舒服并有效工作的过程。首先，团队负责人需要向团队成员介绍并使之理解场馆运行团队运作的总体信息、组织任务、价值观、目标、个人角色、组织程序的精确细节、工作条件和员工利益等。其次，团队负责人可以给成员们创造经常沟通交流的机会，如团队会议和社会活动等，使之互相了解，在最短的时间内建立团队文化和认同感。

六、人员撤离

赛后恢复期是指比赛结束后，完成设施复原、物资运出、人员撤出以及赛后总结等任务的阶段。人员撤出由场馆人事业务口组织，原则上志愿者及没有赛后恢复任务的受薪人员、合同商工作人员在赛后次日撤出场馆，而其他人员在赛后 15~30 天撤出场馆。

当然在人员撤离之前还需要处理以下工作：首先，要召开以精神奖励为主的表彰大会，充分肯定团队成员对体育赛事所做出的贡献，并表示感谢，同时颁发奖励证书；其次，从场馆运行的筹备到结束，团队成员在工作中建立了真挚的友谊，培养出深厚的感情，场馆管理者要有效地处理团队的离别情绪；最后，随着体育赛事的结束，招募的团队成员今后的出路也是需要考虑的，应妥善地安排人事变动，逐步让每一位场馆运行团队成员平稳退出。

第三节　体育赛事人力资源管理案例

北京市作为首都，在 2008 年成功举办了第 29 届夏季奥运会，为世人呈现了一场举世瞩目的奥运盛会，也展示了北京市在举办大型体育赛事方面的能力。当前，除积极筹办 2022 年北京冬季奥运会之外，北京市每年还会举办中国网球公开赛、北京马拉松比赛等固定赛事。笔者通过分析近些年北京所举办的这些赛事发现，在赛事人才资源管理方面仍然存在着一些问题，接下来，笔者在调查分析的基础上，就北京市体育赛事人才资源管理存在的问题及应对措施进行分析。

第一，在体育赛事工作分析方面，存在的问题是缺乏专业性和全面性，体育赛事工作分析的要求、流程不明确，对工作人员的安排和职责表述不清晰，导致相关工作者懈怠和应聘者不能理解等。针对以上问题，应该选择具有相关体育赛事工作分析经验的组织者，制定合理的工作要求、工作分析的流程等，全面地考虑整个工作环境。

第二，在体育赛事规划方面，体育赛事的组织者对于资源规划的考虑不全面，对规划的目的、规划的内容、规划所要注意的事项等方面的考虑不完整。组织者没有根据体育赛事的实际情况对规划进行及时的调整，人力资源规划缺乏灵活性和及时性。在人力资源规划中收集数据的手段和处理信息的方法不当，会导致体育赛事组织者对供需分析不准确。针对体育赛事人力资源规划容易出现的相关问题，应采取以下 3 个方面的对策来解决：采取科学的手段和方法进行体育赛事人力资源管理规划；提高人力资源规划的灵活性；加强规划内容的完整性。

第三，在体育赛事招聘方面，因招聘的手段和方法不当，部分应聘者存在体育赛事管理经验不足、对体育赛事了解不深等问题，导致在后续工作中出现入岗不合格的情况。针对此问题，应采取科学化的手段和方式进行招聘，结合岗位和应聘者的实际情况加强对体育赛事优秀人才的培养，鼓励具有相关经验的人员参加体育赛事的组织过程。

第四，在体育赛事培训方面，培训对象具有复杂性和多样性。体育赛事一般需要的工作人员较多，从体育赛事之前的准备工作到比赛中需要的人员，以及比赛后的工作人员数量和类型较多，每个人员负责的部门种类也较多，增加了培训的困难性。因此，除了要培养工作人员的基本知识和能力以外，还需要培养工作人员的其他多方面的能力，如人际交往能力、语言能力、处理突发状况的能力等。在开展培训工作之前，需要尽可能考虑工作人员的实际情况，尽量保证大多数工作人员能准时参加培训，保证体育赛事顺利开展。

第五，在体育赛事人力资源绩效规划方面，存在人力资源绩效规划不全面，缺乏绩效考核的形式和方式，人力资源绩效考评的形式单一，缺乏科学的考评手段和方法等问题，导致人力资源绩效反馈不合理，不能促进体育赛事人力资源的管理。因此，需要详细地制定人力资源绩效规划，采用公正科学的人力资源绩效的考核标准，全面制定绩效规划的内容；使考评手段形式多样化，建立科学的绩效考评体系，全面、客观地看待考评的结果；加强人力资源绩效反馈的合理性，做到反馈全面和及时，能根据实际情况及时做出相应的调整。

第六，在体育赛事人力资源薪酬方面，体育赛事的周期较短、人员的流动性较大，不能够准确地判断工作人员的实际情况，因此体育赛事人力资源薪酬不能准确预估，导致体育赛事组委会给予工作人员的薪酬较低。因此，体育赛事组委会需要在工作设计中对员工薪酬发放的形式、发放的标准进行统一的规划，做出合理的布局。

复习思考题

1. 简述体育赛事人力资源的构成。
2. 体育赛事人力资源管理的内容有哪些？

第九章　体育赛事的风险管理

第一节　体育赛事风险概述

一、风险的定义与分类

（一）风险的定义

风险原意是指不确定性。美国学者海恩斯最早提出了风险的概念，在他的观点中，风险在学术领域中无任何技术上的含义，仅仅是指损害或损失的可能性。风险的本质特征是其偶然性，某行为如果存在不确定性，那么这种行为就承担了风险。介于学者对风险的理解和认识程度不同，以及研究视角的不同，风险概念不尽相同。

迄今为止，学术领域还没有给予风险确切的定义，综合前人的研究，风险概念主要可以分为3类：第一，风险是不确定性；第二，风险是损害和损失的可能性；第三，风险是实际结果与预期目标之间的差异。

（二）风险的分类

介于不同的研究视角和研究目的，会存在对风险不同的分类标准，现简要介绍下列6种分类标准。

1. 纯粹风险与投机风险

美国学者莫布雷首次把精算及统计领域理论运用在风险管理中，提出风险可以分成纯粹风险与投机风险。其中，纯粹风险导致的结果只有损失，因而可以预测，是保险所能处理的风险，又称其为可保风险，也是风险管理研究的主要对象；而投机风险导致的结果可能是损失也可能为获利，投机风险是金融市场中比较常见的风险，典型的投机风险有股票交易等。一般投机风险在企业风险管理中很少讨论，因为其是属于动态的，就整个社会而言，虽然某些企业遭受亏损，但另一些企业可能获利。

2. 静态风险与动态风险

美国学者威雷特首倡这一分类法，认为风险由静态风险与动态风险组成。其中，前者是指自然或人为因素导致的风险，将使企业在经营过程中遭遇灾害事故（如地震、火灾、海难以及车祸等），只有损失的可能而无获利的机会，通常会使企业遭受损失，所以它是一种纯粹风险；而后者是指人类需求、技术、组织等变动或者政治、经济、社会等环境变化而引起的风险，行为主体承受事故发生的结果，除了有损失的可能性之外，尚有盈利的可能性，因而动态风险属于投机风险。

3. 特定风险与基本风险

美国学者库尔普认为风险由特定风险与基本风险组成，但库尔普的分类中特定风险与基本风险的界限不是很清晰，分类标准也不是一成不变的，某些风险会随着时代背景及观念的不同而发生改变。例如，失业、车祸及职业灾害等风险，过去均认为这些风险是特定风险，但是如今则将它们认定为基本风险。

4. 按风险可否管理分类

从风险是否能够管理的视角，可以将风险区分为可管理的风险与不可管理的风险。其中，可管理的风险顾名思义是能够预测的，也可以控制的风险。反之，不可管理的风险自然就是不能预测和控制的风险。而判断风险能否管理要依据风险管理者收集的客观资料以及管理者自身的管理能力而定。总的来说，可以参与保险的风险一般来说是可以管理的，不能够参与保险的风险并不一定不可以管理。

5. 按损失发生的原因分类

按照损失发生的原因，风险由自然风险、社会风险、经济风险以及政治风险组成。其中，自然风险是指由物理和实质危险因素所引发的风险，如火灾、暴风雨、海啸、地震等；社会风险则是由于反常的个人行为或不可预料的集体行为而引发的，如盗窃、抢劫、罢工、暴动等；经济风险是指有关因素的波动或估计错误导致企业产销过程中产量降低或价格上涨的风险；政治风险包括起源于种族或宗教的冲突、叛乱、战争等。

6. 按损失的形态分类

根据风险潜在的损失形态对风险进行划分，可分为财产风险、人身风险以及责任风险。其中，财产风险系指因发生自然灾害或意外事故而使个人或单位占有或控制或照看的财产遭受损失、灭失或贬值的风险，如房屋有遭受火灾、地震等损失之风险，船舶有遭受沉没、撞击等风险；人身风险是指由于生、老、病、死而产生的损失；责任风险是对于他人所蒙受的身体伤害或财产损失所负有的法律赔偿责任，或由于尚未履行契约使对方蒙受损失而负有的契约责任。财产风险和人身风险比较容易理解，也易于控制，而责任风险就较复杂且较难控制，尤其是医师、律师、会计师、整容师、按摩师以及教师等专业人员，在工作过程中所导致的责任风险，是一项很难控制的风险。

二、体育赛事风险相关概念

（一）体育赛事风险

由于体育赛事具有参与的广泛性、管理的复杂性、投资的超大性、传播的社会性等特点，体育赛事所面临的不确定性因素较多，其风险管理的难度较大。首先，体育赛事在特定的时间内吸引数以万计的狂热观众聚集到体育场馆这个相对狭小的区域内；其次，体育赛事媒体的高曝光率使之容易成为恐怖组织的攻击目标；最后，体育运动项目的高强度、高标准、超负荷，剧烈的身体碰撞，决定了体育运动的高危险性，伤害事故在所难免。例如，2010 年安哥拉非洲杯还没有开赛就传出噩耗，多哥队大巴遭枪击造成 1 死 9 伤；而同年 10 月的欧洲杯预选赛意大利对塞尔维亚之战，足球流氓破坏护栏投掷烟花，引起球迷骚乱，比赛被迫中止，造成 16 人受伤。

面对日益增多的体育赛事，如何进行有效的风险管理、保障赛事顺利进行越来越受到理论研究学者和赛事运作管理者的重视，不少学者对体育赛事风险进行了研究。尽管对于体育赛事风险的概念界定各有不同，但是都提到以下3点：第一，体育赛事风险的不确定性；第二，体育赛事风险造成的损失；第三，体育赛事风险目标和实际结果之间的偏差。所以，本书界定体育赛事风险为在举办体育赛事过程中，受各种难以预测和控制的因素影响，赛事组织者主观期望目标与客观实际结果之间存在差异和变动，以及最终导致损失的众多不确定因素或事件。

（二）体育赛事风险分类

对于体育赛事风险的分类讨论，从21世纪初一直延续到现在尚未统一，很多学者结合自己的研究目的从不同的视角进行分析，有的以风险理论中风险的分类为依据，有的根据赛事的特点和规律进行分类。下面着重介绍2种分类标准下的体育赛事风险的类型。

1. 按照体育赛事风险的表现形式分类

按照体育赛事风险的表现形式可将体育赛事风险分为自然风险、政治风险、市场风险，以及基建、环境保护风险等。

（1）自然风险。

体育赛事自然风险包括2类：一类是由于自然条件和气候条件的突然改变而影响体育赛事的正常举办并给体育赛事造成损失的风险，即由于地震、恶劣天气、传染疾病等不可抗拒的自然因素，导致体育赛事被中断、延误甚至取消而产生的风险。例如，1991年U17世青赛原定在厄瓜多尔举行，但因霍乱移址意大利；1995年U20世青赛原定比赛地为尼日利亚，又因为流行性脑炎改在卡塔尔举行；2003年由于非典的原因，使原定在中国举行的国际足联女子世界杯移地举办；2004年中国网球公开赛的开幕式因雨取消，比赛延期。另一类的自然风险是由于体育赛事竞赛项目本身具有较高的风险而导致的人身伤害、赛事中断、延误及取消，如攀岩、搏击、极限运动、赛车等。

（2）政治风险。

由于举办国的社会体制与政治条件发生变化而影响体育赛事正常运作等方面的风险被称为政治风险。赛事的政治风险体现在国际和国内2个层面上。在国际层面上，政治风险包括代表不同政治、宗教观点的利益集团或国际恐怖组织对体育赛事采取抵制和破坏等恶劣行为阻碍赛事的正常运行。在国内层面上，政治风险包括国内民众在赛事期间对外国参赛队的抵制以及邪教组织等制造的各种反对事件对赛事的冲击等。例如，1972年慕尼黑奥运会上，巴勒斯坦军事分子袭击了以色列代表队，造成多位运动员丧生；1996年亚特兰大奥运会上发生了一次爆炸，造成2人死亡。

（3）市场风险。

在市场经济体制下，市场各主体由于信息的不对称性和竞争的残酷性往往令投资主体面对众多的不确定性因素，如果所选的体育赛事和市场需求不匹配，或者该体育赛事市场前景良好但操作性差就会产生市场风险。能否准确地把握市场风险是体育赛事投资成功与否的核心指标之一。体育赛事投资的市场风险主要考虑2个方面：一是所选体育赛事的市场需求量，市场需求量越大，那么投资前景就越好；二是市场的接受度，消费者的消费水平、认知、接受程度与所选的体育赛事越匹配越好。若所选体育赛事具有众多明星，也有很强的观赏性和对抗性且有市场，但是市场的接受度却不尽如人意，投资主体无疑面临着很强的市场风险。

（4）基建、环境保护风险。

基建风险是指在赛事筹备阶段场馆建设延期，场馆建设成本超支，场馆达不到规定的技术指标，由于技术和其他方面的问题场馆完全停工和在实施阶段存在的技术、经营管理、劳动力状况等风险因素的总称，是体育赛事的核心风险之一。体育赛事的基建风险直接关系着体育赛事是否能按照预定计划正常运转。环境保护风险是指体育赛事举办对环境所造成的污染与破坏，以及资源消耗等方面的风险，包括赛事期间产生的固废垃圾污染、大气污染、噪声污染、交通阻塞以及水资源消耗、能源消耗等环境影响方面的风险。赛事举办方有可能因为严格的环境保护立法而增加成本，更甚者有可能无法举办赛事。因此，在体育赛事的举办过程中，环境保护方面的风险应当同其他风险一样得到重视。环境保护问题所造成的风险主要表现形式首先是对所造成的环境污染的罚款以及改正错误所需要的资本投入；其次，还要考虑到为了满足严格的环境保护需求而增加的环境评价费用、保护费及一些其他费用。

2. 按照体育赛事的管理要素分类

按照体育赛事的管理要素可将体育赛事风险划分为人员风险、财务风险、场地、器材风险，时间风险，以及信息风险。根据管理学基本原理，管理要素包括人、财、物、时间、信息。所谓管理风险，就是在对上述 5 个管理要素进行管理的过程中产生的风险，以及上述 5 个要素给体育赛事承办者带来的风险。

（1）人员风险。

在多个管理要素中，人是任何组织中最积极、最活跃的，也是最重要的因素。一项体育赛事的参与人员主要包括运动员、教练员、裁判员、官员、观众、志愿者、赛事管理人员和中介人员等。同时，由于体育赛事所需的工作人员是由不同工作领域的人员临时组建而成的，涉及的人员较多，身份比较复杂，因此在对人员风险进行分析时可以围绕体育赛事产品的实现者和体育赛事产品的消费者这 2 类主要人员所面临的风险进行分析。

（2）财务风险。

财务风险是指体育赛事所从事与货币有关的或者能以货币计量的各种活动中存在的风险。体育赛事财务活动包括筹资活动和资金回收活动。例如，体育赛事资金的投入与支出、体育赛事产品销售价格及变化、通货膨胀因素、汇率变化、保险、人工成本、税收成本及可利用的税务优惠、土地价值等都是体育赛事财务风险应当考虑的范畴。

（3）场地、器材风险。

场地、器材主要指体育赛事进行时所凭借的客观物质条件，是举办体育赛事不可缺少的硬件条件。它所面临的风险主要表现为 2 个方面。一是场地器材自身安全风险。场地器材自身处于危险之中，即一切与体育赛事有关的建筑物、仪器设备、体育器械等各种财产在建筑、安装、维修和使用期间由于意外事故、自然灾害或人为损坏，发生损毁、丢失等。二是场地、器材导致他人危险的风险。场地、器材导致他人危险的风险，即场地、器材由于设计、使用等的不合理而给他人造成危险。体育场通道设计过于狭窄，致使观众在入场、出场时因拥挤而发生伤亡；场地内未配备足量的安全保障设施如灭火器、安全通道提示灯等，从而在危险发生时，致使观众缺乏足够的救援设施，而导致伤亡进一步扩大；由于体育场馆质量问题，看台发生坍塌，导致观众伤亡；看台座席设计不合理，提供过多站席，而为球迷骚乱提供可能；场地设计不符合技术要求，防护网过低，导致飞球伤人；体育赛事器材由于质量低下或设计不合理而导致运动员受伤等。

（4）时间风险。

时间风险指体育赛事运作过程中，一切受到时间因素影响而产生的不确定因素的集合。通常体育赛事的时间管理包括2个方面的内容：一是体育赛事的时机选择；二是体育赛事的时间安排。如果体育赛事时机选择不当，可能因忽视天气因素对比赛的影响而导致比赛不能如期举行，或者即使如期举行比赛，但因天气因素的影响而使观众降低现场观看的热情，导致门票销售量减少。如果体育赛事时机选择不当，对市场的宣传、考察就会不充分，致使体育赛事利益相关者对体育赛事认知程度不高，从而对体育赛事的支持十分有限，导致体育赛事承办者面临巨大的市场风险，在一定程度上影响体育赛事预期效益目标的实现。体育赛事时间安排，即对体育赛事各个具体活动环节的时间编排与规划。如果体育赛事时间安排不当，各个活动部分的时间安排不明确，可能导致活动环节出现混乱，从而致使赛事整体计划的紊乱。因此，合理的时机选择和时间安排对体育赛事顺利举行和体育赛事预期效益目标的实现具有重要作用。

（5）信息风险。

信息风险主要指信息在传递和交流过程中，由于信息的不准确、不能及时到达接收方等，可能导致管理人员出现决策失误的风险。

在科技发达的今天，大量的计算机、传真机等已成为日常工作中必不可少的信息传输辅助设备。它们在大大提高信息传输效率的同时，也带来了新的信息安全问题。例如，由于机器设备发生故障或者被人为破坏，导致信息数据的大量丢失，或者信息的完整性、准确性遭到破坏。因此，在进行信息传递和交流过程中，针对这些因素，体育赛事承办者要通过采取相应的措施确保信息传递和交流的及时性、准确性和安全性，以避免体育赛事进行中各种信息风险的发生。因此，有效的信息沟通可以保证体育赛事的各个环节相互协调、配合，使体育赛事组织内人员明白任务、各司其职，保证赛事运作的顺利进行，从而使体育赛事组织高效运行。

（三）体育赛事风险特征

1. 客观性

体育赛事从申办、举办到比赛后的一系列工作都存在着不确定性，是客观事物固有的。人们可能在一定的时间和空间内改变这种风险存在和发生的条件，降低风险发生的频率和损失幅度，但无法彻底消除这种风险。

2. 相对性

人们面临的体育赛事风险是与其从事的活动、在活动中的行为方式和决策密切相关的。即使是同一体育赛事风险事件，组织者对待风险的态度以及行为方式、决策或措施不同也会产生不同的风险后果。

3. 偶然性与潜在性

就某一具体的体育赛事风险而言，其发生是偶然的、潜在的，只有具备风险发生的条件才会发生相应的风险事故和造成相应的损失。这是体育赛事风险随机性的典型特征。

4. 可变性

在一定条件下体育赛事的风险通过有效的风险识别、风险评估和风险转化是能够防范和规避的。举办体育赛事时出现巨大的损失，有时与举办主体的风险意识不足、风险转化措施不力密切相关。

5. 复杂性

体育赛事特别是大型体育赛事，规模庞大，要完成这样一个工程需要一个组织结构来协调、运行各方面的工作。从第9届全运会筹备组织委员会的组织结构图（图9-1）就可以看出体育赛事系统的复杂性，其风险也因此具有复杂性。

同时，体育赛事涉及的因素多，既可能是政治、经济、社会、技术因素，也可能是自然因素等。在场馆区域内造成突发事件的因素也很复杂，既可能是天灾也可能是人祸。这些风险因素对于体育赛事的筹备、举办过程，都会不同程度地产生错综复杂的影响。同时，每一种风险因素又会产生许多不同的风险事件。这些风险事件一旦发生，往往会造成比较严重的损失。

6. 难控性

体育赛事参与人数多，大量的观众群体面对竞争激烈的场面容易受感染，变得冲动、不安，容易轻信和受影响，在某种特定的情况下完全被潜意识所控制，失去判断的能力，引发骚乱，风险难以控制。1964年在秘鲁利马举行的东京奥运会足球预选赛秘鲁对阿根廷之战中，秘鲁球迷不满裁判员的判决，赛事组织者并没有及时控制球迷的负面情绪，因而不满情绪在体育场馆内迅速蔓延。个体在群体中容易失去理智，疯狂球迷打砸球场和门窗，场面混乱，并升级为暴乱，扩散到整个市区，导致了“利马惨案”，发生了大面积的践踏，造成318人死亡，逾500人受伤。

群体的恐慌心理容易传染是体育赛事风险难以控制的一大因素。在场馆内一旦出现异常，即使是谣言，不明真相的观众也会产生焦虑、不安、恐惧的情绪。这些不良情绪在群体中相互传染而不断被强化，如果体育赛事管理人员不能够及时地发现并很好地进行处理，局面将会失控。1988年3月12日，尼泊尔首都加德满都惨案造成93人死亡，超过100人受伤，其原因就是天突降大冰雹引发了观众的恐惧，组织管理人员难以进行及时的疏导，大量人群涌向出口，观众并未死于冰雹而死于难以控制的慌乱局面。2006年2月4日上午，菲律宾首都马尼拉的体育场有约3万人准备入场观看体育比赛，据警察声称，有人误传场内有炸弹，瞬时引发了观众的恐慌，导致局面失控，

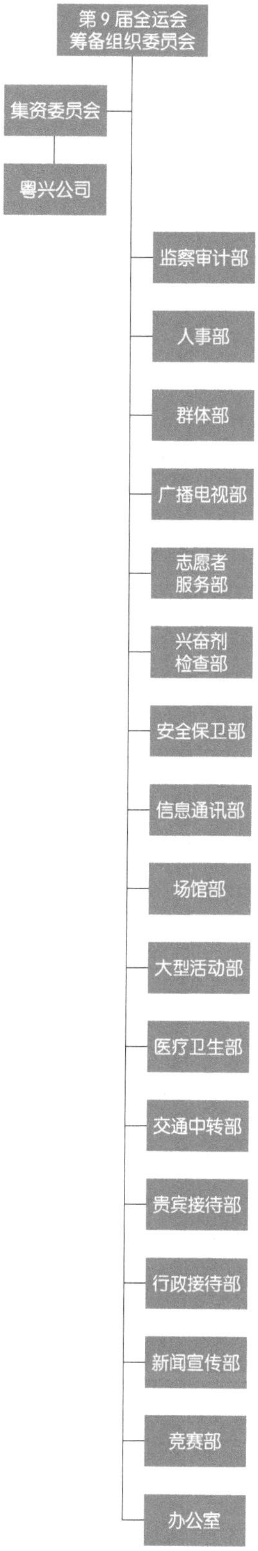

图9-1　第9届全运会筹备组织委员会组织结构图

发生严重的人群踩踏事件，至少 88 人丧生。

第二节　体育赛事风险管理

一、风险管理

风险管理的思想起源于西方发达国家，随着资本主义生产运作实践与管理实践逐步发展并成熟起来，并应用于众多领域。风险管理是人们在追求可靠和安全的目标下，在传统管理思想和现代科技理论相结合的基础上发展起来的一门新学科。学术界对风险管理的认识并没有得到完全的统一，有些定义强调风险管理是一个过程，而有些强调它是一组活动。罗森布鲁姆指出风险管理是处理纯粹风险和决定最佳管理方法的一套技术。威廉斯和海因斯认为风险管理是通过对风险的识别、计量和控制，而以最小的成本使风险所致的损失达到最低程度的管理方法。美国国防部认定风险管理是处理风险的实践或行为。杰尔基认为风险管理指识别、分析和防范风险的系统化管理活动，风险管理包括风险识别、用风险概率模型来估计风险发生的概率、风险的优先级别排序和控制等内容，是一种分析问题的手段。约尼思与福德认为风险管理是识别风险与应对风险所采用的各种监控方法与过程的结合。梅尔与赫尔奇斯编写的《企业风险管理》和威廉姆斯与汉斯编著的《风险管理与保险》的出版标志着对风险管理开始了系统的研究。其中，后者指出风险管理是一种科学的管理方法，通过对风险的识别、评估和控制，用最小的成本把风险引发的各类损失程度降到最低。

风险管理的理论于 20 世纪 80 年代前后引入我国，逐渐引起众多学者的研究和管理者的关注。但是很多研究风险管理的学者来自保险界，在一定程度上制约了风险管理的全面发展。同时，我国大部分企事业单位对风险管理缺乏足够的认识，并未成立风险管理机构，也没有配备专门的风险管理人员。因此，从整体上看，我国风险管理处于起步阶段。

林义认为风险管理是指各经济单位通过识别风险、评估风险，并在评估风险的基础上控制风险和处置风险的科学管理方法。卢有杰等界定风险管理为风险识别、风险估计和风险评价，对项目风险进行有效的控制，尽量扩大风险事件的有利结果，妥善地处理风险事件造成的不利后果，用最小的成本保证安全、可靠地达到项目的总目标。陈秉正和林义的观点基本一致，不过陈秉正认为风险管理是管理活动。许瑾良界定风险管理是采用管理学的一般原理去管理组织所拥有的资源以及活动，尽可能用合适的成本减少不利事件的损失以及不利事件对组织及环境造成的不良影响。

综上所述，风险管理应是一个系统的、完整的过程，具体来说，风险管理是一个识别、确定和度量风险，并制订、选择和实施风险处理方案的循环过程。风险管理是以风险管理者预定目标为导向，运用管理学的一般原理去管理组织所拥有的资源及活动，尽可能减小损失发生的概率或者降低损失产生的后果的严重程度。

二、体育赛事风险管理概念

体育赛事的目标是统筹规划、协调各方、整合资源，为体育赛事提供安全、有序和高效的综合保障，为各客户群体提供热情、周到和文明的优良服务。体育赛事风险管理就是在赛事的运作过程中，以赛事组织者预定的目标为导向，运用管理学的一般原理去管理赛事团队所拥有的资源及活动，尽可能减小损失发生的概率或者降低损失产生的后果的严重程度，对赛事可能产生负面影响的不确定因素进行识别、评估以及控制，尽可能减少赛事组织者主观期望目标与客观实际结果之间的差异。因而，体育赛事风险管理包含以下 3 个方面：第一，对不确定的赛事风险因素的识别；第二，在识别的基础上评估，进行风险排序；第三，采取策略与措施对风险实施控制。

由于风险管理阶段划分的粗细程度、适用范围和研究者的视角不同，因此风险管理流程略有区别，但是大部分都包含了风险识别、风险评估、风险应对及监控等过程。根据风险管理理论并结合体育赛事本身的特点，体育赛事风险管理流程可以分为以下 4 个步骤，如图 9–2 所示。

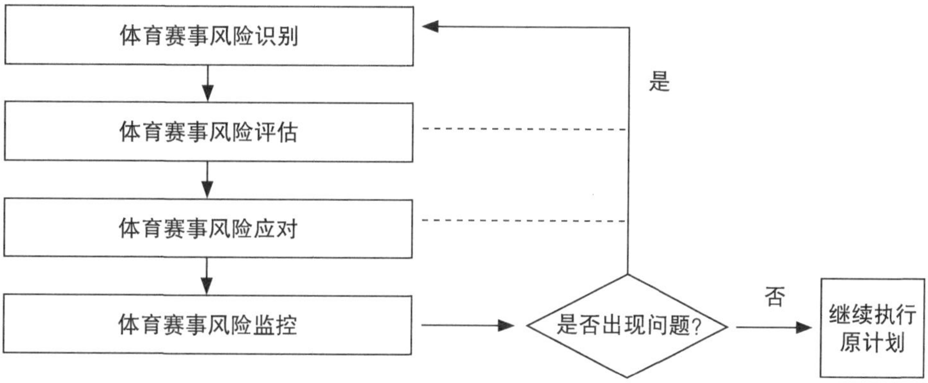

图 9–2　体育赛事风险管理流程

（一）体育赛事风险识别

1. 体育赛事风险识别的概念

体育赛事风险识别是指风险管理人员运用有关的知识和方法，系统、全面、连续地查找和发现损害体育赛事管理目标的风险源，并对潜在的或显现出来的风险性质进行甄别的过程。

体育赛事风险不仅包括赛事本身的风险，还包含安全保卫风险，场地、器材风险，医疗卫生风险和志愿者风险等，因而体育赛事风险识别是项复杂的系统工程。同时，风险识别不仅是风险管理部门的工作，还需要竞赛部、后勤保障部、工程部、信息技术部、志愿者工作部、医疗卫生部等部门的密切配合。

体育赛事风险识别是个连续的、不间断的过程。从体育赛事的筹办、举办到结束，赛事运作的环境和组成因素随时都在发生变化。例如，志愿者义务服务于赛事，不领取薪水，因而受组委会的约束较小，容易出现无故缺席或擅离职守等状况；运动员出于个人或组织原因未能准时参加比赛；或者颁奖嘉宾临时改变行程不能来到颁奖现场等。

2. 体育赛事风险识别的基本原则

（1）全面性原则。

体育赛事风险计划制订时，要全面系统地鉴别出影响赛事正常举办的潜在风险因素，不能因为风险管理者的主观因素而遗漏部分风险，特别是重要的风险。体育赛事在举办前都有详细的赛事安排，可以从赛前、赛中和赛后3个阶段所处的环境、工作内容、参与的人员和涉及的财、物等方面全面了解风险，以便能够及时且清楚地为决策者提供详细完备的决策信息。

（2）系统性原则。

体育赛事风险的产生不是孤立的，而是会受若干相关联的要素和所处环境影响的。风险识别要从体育赛事活动的全局角度出发，从整体上把握体育赛事场馆运行管理的目标，全面分析影响目标实现的损害因素。风险管理者制订风险计划不能把某一指标作为总体决策的依据，而要考虑决策所涉及的整个系统和相关系统的联系。这样才能使风险识别计划总体化、综合化。

（3）重要性原则。

系统性原则保障了风险识别的效果，而重要性原则保障了风险识别的效率。重要性原则指体育赛事风险识别要有所侧重，为了保障体育赛事安全、顺利进行，尽可能用最低的经济支出来获取最好的效益，以减少风险造成的损失。因此，在资源和条件的约束下，风险管理者必须根据实际情况来选择最佳、经费最省的识别方法；在全面识别风险因素的基础上进行排序，挑选出相对重要的风险进行分析，有利于节省成本，保障识别的效率。

（4）目标性原则。

体育赛事涉及面广，其本身是一个多结构、多因素、多层次的复杂系统。其风险的发生往往是由多因素造成的，单风险源也可能产生多种结果，导致识别起来容易引起风险因子交叉、重叠和遗漏。根据多米诺骨牌理论和哈顿能量释放理论，风险识别可以围绕体育赛事目标层层展开，通过目标来寻找目标损害因子，通过目标损害因子来寻求风险因子，能够比较全面地识别出风险因子，解决以上问题。因此，目标是体育赛事风险识别的出发点和根本。

3. 体育赛事风险识别的方法

风险可以通过感性认识和历史经验来识别，也可以通过查阅各类客观资料、风险事故的档案，配合专家访谈来进行分析、归纳和整理。鉴于风险的可变性，需要持续不断和系统地进行风险识别。目前，体育赛事风险识别的方法有以下几种。

（1）专家调查法。

专家调查法就是通过对2类专家（一类是从事体育赛事风险管理的技术人员和管理人员；一类是从事体育赛事风险管理领域研究的学者）反复咨询，并将专家的反馈意见进行分析和整理，从而确定影响体育赛事场馆运行的风险因素，最后编制风险因素评价表，请专家和实践人员对风险出现的可能性和严重性进行定性估计。其主要包括德尔菲法和头脑风暴法。

①德尔菲法。

德尔菲法是一种易于操作而又非常实用的方法，又被称为专家意见法，其运用具有广泛性，主要应用到各类预测和决策中。当风险管理对象涉及的原因相对复杂，且又不便于用分析的方法去识别时，德尔菲法成为风险识别中非常有效的方法。德尔菲法采用专家匿名发表意见的方式，通过多轮次调查专家对问卷所提问题的看法并进行归纳、修改，最后使专家意见趋于一致，具体程序如下：

第一轮：组织者制订出风险调查方案，确定风险调查内容，聘请若干名体育赛事风险管理实践和理论领域的专家，以发调查表的方式向他们提出问题。调查表是开放式的，不带任何框架，只提出预测问题，请专家围绕预测问题提出预测事件。组织者要对专家填好的调查表进行汇总整理，用准确的术语提出预测事件一览表，并作为第二轮调查表发给专家。

第二轮：专家对第二轮调查表所列出的每个事件做出评价。组织者对该表做统计处理，整理出第三张调查表。

这样反复经过几轮专家问卷，使专家的意见最终趋于一致，其结果成为最终预测和识别的依据。

②头脑风暴法。

头脑风暴法于20世纪70年代末开始引入我国，已广泛应用于各个领域。该方法操作简单，一般由10人左右组成的专家小组，给每个人充分发表个人意见的机会，激发与会者的创造性，提出尽可能多的设想。具体步骤如下：

第一步：人员选择。与会人员主要是风险分析专家、风险管理专家和相关专业领域的专家，主持人应该具有较强的逻辑思维能力、归纳总结能力和综合分析能力。

第二步：明确会议主题。

第三步：轮流发言并记录，无条件接纳任何意见，不加评论，主持人应尽量原话记录每条意见，并可以将其展示出来。

第四步：发言过程可以循环进行，通过函询收集专家意见，然后加以综合整理，如果专家的意见不能够达到一致，需要向他们反复函询来收集和整理专家意见，使专家的意见能够基本统一。

第五步：组员在轮流发言停止后，共同评价每一条意见，最后由主持人总结出几条重要结论。

（2）检查表法。

检查表法是根据系统工程的分析思想，在对系统进行分析的基础上，找出所有可能存在的风险源，然后以提问的方式将这些风险因素列在表中，简单检查表如表9-1所示。在经过大量资料收集以及实地调研的基础上初步编制体育赛事风险专家检查表，聘请体育赛事风险管理实践操作经验较为丰富和理论研究较为权威的专家组成专家咨询小组，以发调查表的方式向他们提出问题，对调查专家进行意见征求，然后对意见进行归纳和统计，对目标损害因子和风险因子进行完善和修改。

表9-1　简单检查表

序号	安全检查项目	判断（是或否）	备注
1	体育场馆消防设备能够正常运行吗?	是	
2	……		

（3）结构分解法。

结构分解法顾名思义就是将大系统分解成小系统，将复杂的事物简单化，从而识别风险。可以从导致风险损失的结果开始进行分解，通过逻辑推理等方法找出导致风险损失的原因。也可以从事件本身的目标出发，通过目标分解，逐步探索阻碍目标实现的风险因素。本书对体育赛事风险的识别拟采用从目标出发，逐层分解，寻求风险因子的结构分解法。

当然还有故障树分析法、环境扫描法、情景分析法等不同的风险识别方法。不同的风险识别方法具有不同的适用范围、适用阶段、定性或定量手段。不同的风险识别方法具有各自的优缺点，现对风险识别的常用方法进行比较归纳（表 9–2）。我们需要对这些不同的风险识别方法进行对比分析，然后结合体育赛事风险的特点，选择适合的风险识别方法。

表 9–2　风险识别方法对照表

风险识别方法	适用范围	适用阶段	定量 / 定性	优点	缺点
专家调查法	普遍适用	可应用于赛事整个风险生命周期	定性分析	简单易行，能够较全面地分析风险因素	结果的科学性受到专家水平和人数的限制
检查表法	适用于有过类似或相关经验的赛事	可应用于赛事整个风险生命周期	定性分析	简单易操作	受到赛事本身可比性的限制
情景分析法	适用于大型的体育赛事	主要应用于赛事的筹备及实施阶段	定量分析	能够把握风险因素未来的发展情况	依赖大量数据，而这些数据难以全部得到
故障树分析法	一般用于较为复杂且直接经验较少的赛事	主要应用于赛事的实施阶段	定量与定性相结合	用分析结合演绎推理的方式查找风险原因，有助于解决方案的提出	由于方法本身的复杂性，对使用者的要求也较高
环境扫描法	普遍适用	主要应用于赛事的申办、筹办以及实施阶段	定性分析	对环境的变化更加敏感，反应更加迅速	侧重环境的分析，在一定程度上弱化了赛事本身的特点
结构分解法	普遍适用，更适用于复杂系统	可应用于赛事整个风险生命周期	定量与定性相结合	既能把握全局，又能深入具体细节	对使用者要求较高

（二）体育赛事风险评估

1. 体育赛事风险评估的概念

风险评估就是对赛事风险进行综合评价，是应用各种风险评价技术来判定风险影响大小、危害程度高低的过程。它是在对赛事风险进行识别的基础上，通过建立风险的系统模型，从而找到该体育赛事活动中的关键风险，确定赛事的整体风险水平，为如何处置这些风险提供科学依据，以保障赛事的顺利运行。

风险评估过程中的一个重要工作就是风险预警。在对赛事运作过程进行风险识别、分析和评估之后，就可得出赛事风险发生的概率、风险损失大小、风险的影响范围以及主要的风险因素，针对赛事风险评估的结果与赛事组织者所能承受的或公认的安全指标阈值进行比较，如超过了最高承受限度，则发出报警，提醒赛事风险管理者尽快采取适当的风险控制措施，达到规避或降低风险的目的。

2. 体育赛事风险评估方法

体育赛事是个内部结构交错、涉及因素众多的复杂开放系统，对其风险进行综合评估是个十分烦琐的系统问题。对一个复杂对象的评估能否准确，不仅取决于所选取的专家群以及被评估对象特征的指标体系，还受到所选评估方法的影响。以下是体育赛事风险评估方法介绍。

（1）主观评分法。

主观评分法是体育赛事风险评估最为简单的定性方法，是将体育赛事的风险一一列出，并从中找出后果最严重的，判断这最严重的后果是否低于整体评估基准。

优点：资料摄取量少，也不需要估算风险发生的概率，是一种最简单和最保守的方法，能够确定风险可以接受的水平上限。

缺点：此法实际上是假定最严重的风险存在于整个体育赛事举办期间，忽略了时间因素。再者，此法太绝对，否认了进行体育赛事风险管理的必要性。

（2）模糊综合评价法。

模糊集合的概念是 1965 年美国学者扎德首次提出的，用以解决在评估中出现的影响因素的性质含糊不清，无法用数字来定量地描述，或无法采用单一的准则来判断的问题。体育赛事风险常常是模糊的、不确定的，采用模糊集合对模糊行为活动建立模型，进行风险的评估和分析，能够有效地处理人们在评估过程中所带有的主观性，或者客观遇到的模糊性现象。这种方法不仅可以按照综合评价分值的大小对评价对象进行排序，而且还可以根据模糊评价集上值的最大隶属度来评定评价对象的等级。

（3）列表排序法。

列表排序法是一种比较简单实用的风险评估方法，也是风险评估领域中一种常用的评估方法，是让参与体育赛事的资深专家和体育赛事管理人员对体育赛事举办期间可能发生的风险进行评估，通过对每个指标逐项评估来量化风险的大小。

列表排序法的程序分为 3 步。第一步，确定风险评估的标准。第二步，请专家根据指定的标准，对风险发生的可能性（P）、结果的严重性（S）以及风险的可控性（C）3 个指标逐一打分。评判等级可以采用 10 级也可以采用 5 级，本书采用的是 5 级评判。第三步，对每一项风险发生的可能性（P）、结果的严重性（S）以及风险的可控性（C）的指标评估分值进行相乘得出风险量 $R\text{v}$。

风险量的计算公式：$R\text{v}=P\times S\times C$

可以看出，风险量 $R\text{v}$ 值越大，则风险越大，那么就需要采取一定的措施进行应对；反之，风险量 Rv 值越小，风险就越小。

（三）体育赛事风险应对

根据风险的可规避性、风险的可转移性、风险的可缓解性以及风险的可接受性四大特征，体育赛事风险应对包含规避、转移、缓解、自留四大策略。由于体育赛事具体情况的不同以及风险管理者心理承受能力和抗风险能力的不同，可以采用不同的风险应对策略，或者多种策略的组合。

1. 风险规避

风险规避是指不愿意承担所要规避的风险，或者不愿意继续承担已经承担的风险，包括前期回避和中途放弃 2 种方式。这 2 种方式的前提是承担或继续承担风险的成本将大大超过回避可能产生的费用，但是前者是彻底的回避，根本就不从事可能产生这类风险的任何行动；而后者也许不如前期回避那样常见，但实践中也会发生，是紧急自救的最佳方法。风险规避在体育赛事中也常有出现，如江苏南钢队是 CBA 的传统强队，进入 21 世纪以来江苏南钢队 8 次杀进 CBA 联赛四强、1 次进入总决赛，排名基本稳定在前三。南钢体育馆作为江苏南钢队的主场，培养出了一大批的球迷，孕育了良好的篮球氛围。但是 2004 年中国篮管中心正式宣布的 CBA 联赛的“扩军”方案中，提到篮球馆容纳量必须大于 6 000 人的硬件要求。江苏南钢队曾一度计划改建球馆，增加座位，甚至请来了众多工程师出谋划策，但结论是场馆扩建和重建需要大量资金，风险更大。2006 年 3 月，南钢体育馆只好选择放弃承办 CBA 江苏主场比赛。

风险规避是处理风险的有效策略之一，风险管理者通过风险规避方法可以明确风险不可能发生，也不会承担风险造成的潜在损失，是一种彻底的、主动避免风险的方法。其适用于以下 3 种情况：其一，风险发生频繁且损失很大；其二，风险虽然发生不频繁，但是一旦发生，损失特别严重，且造成的损失将无法得到补偿；其三，采用其他风险应对方法的成本高于风险规避的成本。

但是风险规避毕竟是一种无奈的选择，由于风险和机会本来就是并存的，因而放弃风险的同时也放弃了获得经济效益的机会。同时，风险规避难以运用于正在举办的体育赛事中，不适用于无法避免的风险，如地震、海啸等自然灾害。

2. 风险转移

风险规避仅仅是体育赛事风险应对的一种策略，风险应对更重要的是如何来降低风险发生的概率，或者是减少风险产生的损失，甚至是控制风险的发生和消除风险的损失。因而，我们必须借助于其他风险应对策略。风险转移就是允许风险的存在，设法将风险损失的责任转移给他方，从而达到自身免受损失的目的。体育赛事风险转移策略可以分为保险和非保险两大类。

（1）保险风险转移。

保险作为风险转移的另外一种方式，是应对体育赛事风险的重要措施，一旦发生保险责任范围内的损失，就可以得到一定的补偿。不过这种转移是有偿的，需要赛事组委会或其他被保险人事先向保险人交纳一笔保险费用。体育赛事一般耗资巨大、筹备期长、涉及面广、潜伏的风险因素多，因而采用保险方法，支付一定的保险费用，以换取遭受风险时获得相应的补偿，是一种较好的损失保障方式。但是，并非所有的风险都可以用保险的方式来转移，需要具备以下几个重要条件：其一，被保的风险是纯粹风险，会带来损失而不产生利润；其二，存在大量同质风险，保险公司只有在拥有足够多的客户以及存在大量相同性质的风险情况下，才能比较精确地预测出风险发生的平均概率和损失的程度；其三，损失发生的不确定性，肯定会发生或者肯定不会发生的风险都不能参与保险；其四，损失是可以测定的，尽管损失的发生是不确定的，但是损失发生的原因和损失程度是可以通过长期观察进行测算的，也只有预测到损失的大小，保险公司才能确定保险费率。我国体育赛事商业化操作的时间并不长，体育赛事保险业发展缓慢。直到 1998 年“桑兰事件”后，体育赛事保险才逐步被大家关注，部分保险公司开始介入体育赛事，为赛事提供保险服务（表 9-3）。

表 9-3 国内部分体育赛事保险案例

时间	地点	赛事名称	保险公司	保险服务
2001 年	北京	第 21 届世界大学生运动会	太平洋保险	为参与运动会的 18 万人提供 154 亿元的保险
2004 年	中国	第 13 届亚洲杯足球赛	中国人寿保险	为亚洲杯所有赛事投保 8 亿元
2005 年	南京	第 10 届全运会	中国人民财产保险	承担风险总额达 100 亿元
2005 年	上海	第 48 届世界乒乓球锦标赛	太平人寿保险	提供 5 亿元的保险金额，保险人数达到 3000 人
2005 年	北京	第 25 届北京国际马拉松	中国人民财产保险	为选手提供总保险金额 38.33 万元，组委会人员 28.3 万元
2007 年	上海	第 12 届世界夏季特殊奥运会	中保集团	保障人数超过 6 万，承保金额达到 1600 亿元
2008 年	北京	第 29 届奥运会	中体保险	提供风险管理和保险顾问服务
2008 年	北京	第 29 届奥运会	中国人民财产保险	提供保额 3000 亿元
2008 年	上海	全国场地汽车锦标赛和 F1 中国大奖赛	太平人寿保险	为两大赛事提供总保险金额近 5 亿元，保障 3000 人
2008 年	上海	上海网球大师杯赛	中国太平洋保险	承保赛场公共责任险、工作人员意外险以及赛事取消险

根据体育赛事的特点，可以将场馆内永久性比赛场馆建筑及设施、临时性场馆建筑及设施在赛事期间发生的损毁投保建工险；可以给场馆内不同人群如运动员、观众或工作人员等群体投保人身伤害险；对于场馆运行团队所拥有的固定财产损失可以投保企业财产保险及附加营业中断保险；场馆内管理者对场馆其他人员和财产责任可以投保相应的责任险；场馆运行团队工作人员和志愿者的忠诚保证可以投保雇员忠诚保证险；场馆内出售或赠送的产品责任可以投保产品责任险；场馆运行主要责任人可以投保雇主责任保险以及高级管理人员责任保险等。当然，采用何种险种，或者是否采用保险，需要场馆主任根据实际工作情况进行选择，并没有固定的模式。

（2）非保险风险转移。

非保险风险转移是指风险管理者将损失的法律责任转移给非保险业的组织和个人承担和管理的风险应对措施。当然，非保险风险转移是需要条件的。其一，一般双方需要签订合同，而转移责任条款必须是合法有效的。其二，风险转出的接受方需要具备偿还能力。如果接受方没有能力偿还损失，那么转让方仍然必须对风险承担责任，风险并没有真正意义上转移。其三，风险管理者必须支付风险承受者一定的费用。

非保险风险转移有转移风险源和签订转移风险合同 2 种方式。其一，转移风险源是将财产或活动的所有权或经营权转移给他人。体育赛事的工作可以分成多个部分，场馆环境可以通过雇佣分包给有资历的物业管理公司，场馆体育器材的安装和维护可以转移给相应的仪器设备提供商，场馆临时工程建筑可以利用分包合同转移给建筑公司。其二，签订转移风险合同可以起到转移风险的作用。奥运会门票就明确了多项免责条款，如“持票人自行承担所出席的每一个场次中可能发生的所有风险和危险，同时还承担在场馆内丢失财产的所有风险……持票人同意国际奥委会、北京奥组委及其授权的第三方使用该持票人的照片、录像、录音或其他影像或类似信息，而不必给予任何补偿……”。购票人在门票预订单上签名，即代表购票人已经阅读了购票须知，愿意接受和遵守全部有关规定。体育赛事主办方通过和观众签署责任条款，将场馆内可能发生的部分损失转移给观众本人，实现风险转移。

当然，选择转移方式是要建立在风险分析的基础上的，同时要妥善地选择风险转移对象，将一些工作进行分包来改变风险量，若其本身就没有这种抗风险的能力，最终可能会招致更大的风险。可以看出，非保险风险转移是一种较为灵活的风险转移方式，对体育赛事组织者而言，要善于灵活、巧妙地运用各种合同条件和合同语言，成功地进行风险转移。

3. 风险缓解

所谓体育赛事风险缓解，就是风险管理者采取措施降低赛事风险的发生概率或者减少风险造成的损失，达到风险管理者可以接受的程度。风险缓解是减轻，而不是消除和避免，在某些条件下，可能比风险规避和风险转移收到更好的效果。例如，体育赛事举办期一经宣布就难以改动，然而在筹备过程中，经过严密的分析发现，现状无法保障赛事如期举行，那么赛事组织者在一定的人、财、物等资源范围内，可以调整筹备工作流程，采取缩短关键路线的关键节点所需时间，或者要求团队成员加大工作量或延长工作时间等来缓解场馆运行的进度风险；也可以选择一种减轻风险的新方案，如换一种筹备方式来缓解进度风险；也可以变更环境条件等，如增加资源的供应等来缓解进度风险。在采用风险缓解的策略之前，需要明确风险缓解需要达到的目标，即风险管理者可以接受的风险发生概率或风险损失的程度等。显然，越早采用风险缓解的措施，效果会越好。体育赛事风险缓解包括降低风险发生的可能性和控制风险造成的损失 2 种具体的方式。

（1）降低风险发生的可能性。

赛事组织者可以采取各种方法来避免风险源的产生，降低风险发生的可能性是风险缓解的重要手段。例如，2008 年北京奥运会门票采用实名制，即门票上印有买票人的信息，进入场馆需要凭借有效证件。这样能通过进入场馆的身份确认和身份核查阻止某些可疑人群进入场馆。另外，多数体育赛事的门票上会明确规定持票人不得携带武器、弹药、危险物品、爆炸物、化学或易燃装置进入场馆，同时通过安检等方式避免危险品进入场馆。体育赛事通过采取种种预防措施从源头进行控制，防止风险的产生。

（2）控制风险造成的损失。

当然，很多风险是不以人的意志为转移的，如果其发生不可避免，那么场馆主任可以采用阻止已存在的风险扩散或减缓其扩散速度或限制其扩散空间或将风险和被保护对象通过物质障碍进行隔离等各种措施，抑制损失的扩大；风险管理者如果事前制订了风险预案，那么即使风险发生，事先考虑周全的应急方案也会减少风险损失；当然也可以适当地增加风险承担者来分散风险。风险分散与风险转移并不一样，风险转移是把这部分风险完全转由他人承担，而风险分散是与他人共同承担。

4. 风险自留

这是一种常用的风险应对策略，也称作风险接受，是利用财务技术去转移或控制风险，当风险出现时，赛事组织者自行承担风险产生的后果，并依靠赛事组委会或场馆运行团队自身的能力弥补损失。在体育赛事风险管理中，针对部分后果不是很严重的风险，或者其他风险应对策略不能适用的风险，或者在筹备过程中未考虑到的风险，风险管理者常采用自留的方式处置风险。风险自留需要预留一笔资金即风险储备金，风险发生时，风险储备金用于补偿损失，如果损失不发生，则可以节省开支。

风险自留不同于其他各种风险损失控制策略：首先，风险自留与风险规避不同之处在于，风险自留是让风险自身发展，并承担风险后果，而不采取措施避免风险；其次，风险自留与风险转移的不同之处在于，损失不是转移给他人，而是留给自己承担，当然对不可保风险或保险的除外责任，风险无法转移，则自留是一种不得已而为之的措施；最后，风险自留与风险缓解的不同之处在于，风险自留不采取专门的预防措施去降低风险发生的可能性和控制风险造成的损失。在实际的风险管理过程中，风险自留有主动和被动 2 种形式。

（1）主动风险自留。

识别和分析了场馆运行的风险发生的概率及可能产生的损失之后，体育赛事的风险管理者在权衡了各种风险应对策略的基础上，针对损失在赛事组织者的承载能力范围内的风险相应地留有一定的储备金，主动将风险自留作为应对风险的措施，并有相应的应对方案。主动风险自留是一种积极应对风险的方式，赛前已经识别出可能发生的风险，并对风险进行了评估，是在不选用其他应对方式之后所做出的主动选择。从降低资源耗损出发，在一定的情况下，风险自留是经济划算的。但是，主动风险自留应在事前把握风险发生的可能性和损失产生的后果，如果出现超过主体的风险承载能力的情况，那么组委会将面临无法承受风险的局面，从而危及赛事的正常进行。

（2）被动风险自留 。

赛事组织者没有意识到体育赛事中某种风险的存在，或者没有对识别出来的风险的后果进行评估，再或者对评估的风险并没有提前做好应对措施，那么风险一旦发生，组织者就必须承受损失后果的风险。显然，被动风险自留是一种被动应对风险的方式，是不可取的。风险管理者在没有心理、财力资源、物力资源和人力资源等方面准备的情况下，临时去应对发生的风险，必然会手忙脚乱，难以有效控制场馆运行风险。因此，这样容易给体育赛事造成严重的经济后果，或不良的社会影响。

（四）体育赛事风险监控

体育赛事风险监控是风险管理的一个非常重要的环节，从计划到决策再到监控，风险管理是一个循环交替的过程，而风险监控在其中既是一轮的终点，同时又是新的一轮的起点。随着场馆运行的不断深入，风险不断变化，原先对风险的判断是否客观，需要在实际过程中及时做出评价和反馈，以便及时发现问题，对原有的风险管理计划及时修正，以减少风险发生的可能性。当然，在采取了风险应对措施后，仍然会残存着未识别或已经识别出的风险，此时就需要对这些风险重新进行识别、评估、制定和实施应对策略。所以说，尽管赛前计划阶段已经将场馆运行中的风险进行了预判，制订了详细的风险管理方案，但是再周全的计划也可能会出现考虑欠缺的地方，因此需要对风险管理方案进行多次检验，并监控实际情况的变化，随时编制和实施风险防范措施。

1. 风险监控的概念

体育赛事风险监控是对风险识别、评估和应对的全过程进行监视和控制，以保证风险管理达到赛事组织者预定的目标。风险监视和风险控制是风险监控的 2 个环节，其中风险监视发生在应对措施采取后，是对应对策略的效果进行观察和把握，实际上是检验风险策略和措施实施效果的有效性；而风险控制则是在风险监视的基础上，实施风险管理计划和措施，并在情况发生变化时及时修正风险管理方案。当然，两者之间的分界不是非常清晰，常会交替发生，因而，我们需要将两者综合考虑。

风险管理者需要把握在体育赛事从筹备到结束过程中何时进行风险监控以及如何监控风险，且在不同阶段处理方法并不相同。首先，在决策阶段，需要将准备承担的风险能够获得的直接（间接）收益和承担风险将会蒙受的直接（间接）损失两者进行比较，接着对结果综合分析，再判断是否继续。如果继续，而且风险比较大的时候就要及时进行监控。其次，在实施阶段，如果发现风险将会严重威胁到体育赛事目标的实现，而且必须运用风险应对策略，一般情况下需要对风险进行监控。

2. 风险监控的特点和内容

风险监控具有科学严谨、及时有效、贯穿始终 3 个特点。其一，风险监控是个科学严谨的过程，不是凭空想象的，其控制措施必须依据风险管理计划、风险应对计划、场馆运行内部环境和外部环境的变化、在场馆运行中未曾识别出的风险、已经发生的风险事件和已经实施了的风险计划 5 个方面来制定。其二，风险监控必须及时有效，在监控场馆运行过程中要及时发现风险隐患，一旦发现风险要立即行动，采取有效措施，最大限度控制损失。其三，风险控制贯穿于场馆运行的整个生命周期中，风险时刻存在，一旦场馆运行开始筹备，风险就随之而来，风险监控就要启动，一直伴随到赛后恢复阶段结束。风险监控就是个持续不间断的过程。

风险监控不仅需要分析风险的大小，同时也需要跟踪风险因素和风险事件的发展和变化等方面。体育赛事风险监控具体包含六大方面。其一，监控场馆运行风险管理是不是按照预定的方案如期执行。其二，及时检查场馆运行风险应对措施的实施效果，如果效果好则继续执行，反之应赶紧制订新的应对方案。其三，对已经识别的风险逐一进行分析，哪些风险正在发生，哪些风险将来可能发生。其四，对体育赛事环境的预判和对目标实现可能性的预判是否正确。其五，风险实际发生的结果是否与预期的相同，如果不一样，需要对风险的发展变化做出评判。其六，在风险管理过程中检查是否出现未曾预料到的风险因素和风险事件，分析这些风险因素和风险事件的变化趋势。

3. 风险监控的步骤

体育赛事风险监控的目标是及早识别风险、积极消除风险事件的消极后果、努力避免风险事件的发生 3 个方面。为了达到以上目标，风险管理者需要采取对未来的情况做出预判、对近期的情况进行分析、把未来情况和现状相比较、及时制订实现目标的措施或及时修正预定的计划和目标等措施。因而，风险监控一般采用以下 8 个步骤：建立风险监控体系——确定风险监控的风险事件——确定风险的责任（必须落实到具体人和明确岗位）——确定风险监控实施的时间、地点和风险监控的持续时间——制订具体的风险监控方案——实施具体的风险监控方案——跟踪具体风险的监控结果——判断风险是否消除（如果风险避免则程序结束，如果风险仍然存在则重新回到起点），具体见图 9-3。

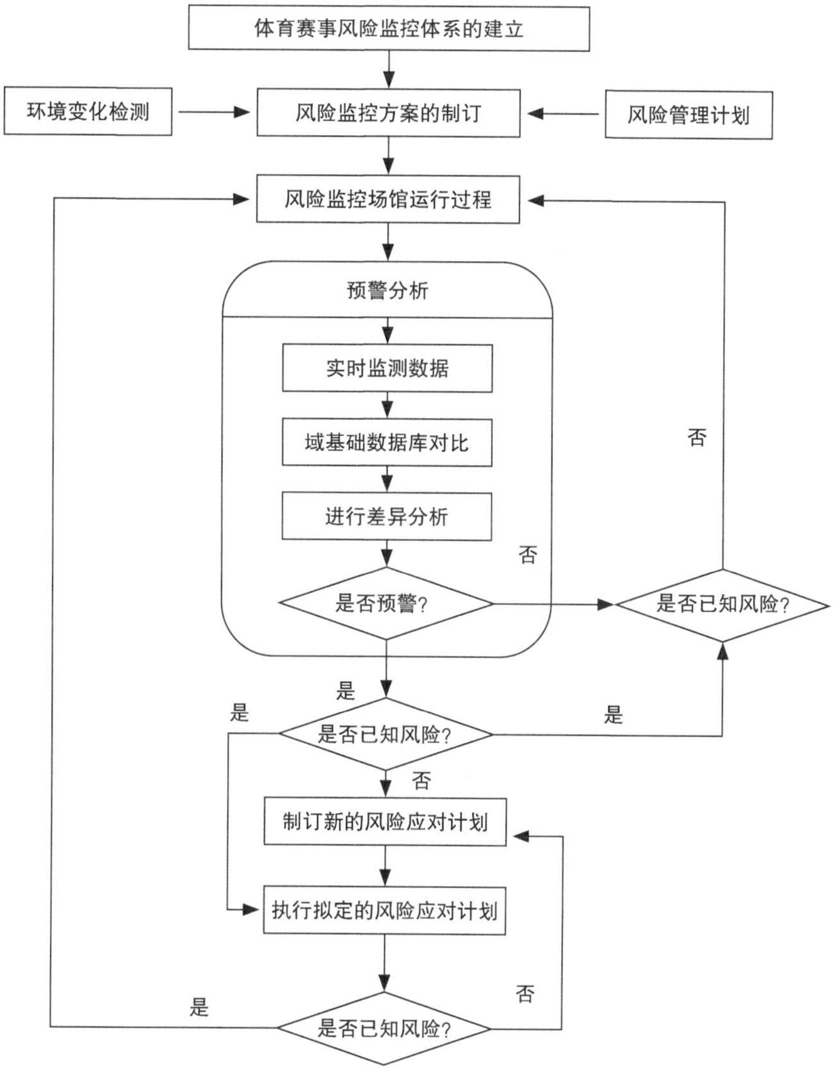

图 9-3　体育赛事风险监控步骤图

复习思考题

1. 从不同的分类标准讨论体育赛事风险的分类。
2. 简述体育赛事风险的特征。
3. 结合具体案例阐述体育赛事风险管理的流程。

第十章　体育赛事的收尾与评估

第一节　体育赛事的收尾

赛后恢复期是指场馆运行团队在赛时运行工作结束后，完成设施复原、物资运出、人员撤出以及赛后总结等任务的阶段。一名好的教练员会在比赛之后召开会议，让运动员整体回顾在赛事中所发现的优点和缺点。假如运动员的表现达到预期的目标，教练员会向他们祝贺；假如没有完全达到设定的目标，教练员会找出其中的原因，用赛后总结回顾的方式，对运动员表现出来的缺点进行修正以及维持团队凝聚力。一位好的体育赛事管理者需要通过赛事筹办项目的核查表以及督导日志对赛事进行赛后评估总结。赛事组织者需找出赛事筹办过程中所有正面与负面的事物，并且思考如何改善，让所有的作业更有效率，尽快地修正核查表，甚至调整赛事的方案，为今后办赛提供宝贵的经验。当然，除此之外，还要对体育赛事的人、财和物进行妥善的处理和安排。

一、体育赛事人员表彰和撤离

体育赛事结束后，所有赛事相关人员要撤离比赛场地，原则上志愿者及没有赛后恢复任务的受薪人员、合同商工作人员在赛后次日撤出场馆，而其他人员在赛后 15 天左右撤出场馆。一般来说，对于赛事人员的安排包括以下几项工作。

（一）人员表彰

每一项体育赛事的举办，除了赛事组织者、志愿者之外，还有媒体宣传团队、医疗保障团队、消防车队、道路交通安全保障团队、场馆安全保卫团队以及赞助商等。他们都为体育赛事做出了贡献。因此，要召开以精神奖励为主的表彰大会，充分肯定团队成员对体育赛事所做出的贡献，对他们表示感谢，同时颁发奖励证书。

（二）人员撤离

从体育赛事的筹备到结束，团队成员在工作中建立了真挚的友谊，培养出了深厚的感情，体育赛事管理者要有效地处理团队成员的离别情绪。随着体育赛事的结束，招募的团队成员今后的出路也是需要考虑的，管理者要妥善地安排人事变动，逐步让每一位体育赛事参与者平稳退出。

二、体育赛事财务结算

体育赛事结束后，应对于体育赛事中所有的财务进行结算。首先，对于体育赛事期间购置以及接受捐赠的固定资产要逐项进行清理核实。如出现损失，应按照规定报批，并进行财务处理，对移交的资产要办理财务手续，防止资产流失。其次，在如实进行财务结算，向相关部门汇报。最后，审计人员应对场馆运行的财务收支进行审计，提出审计报告。

体育赛事财务结算包括对体育赛事中所使用的设备彻底地盘点。这些设备既包括具有明确租借程序的租借设备，也包括组织所拥有的库存设备。结算作业不仅只是财务决算书上的财务平衡。

财务结算作业必须在赛事开始前就着手规划。同样，应建立核查表来确认作业规划的全面性以及结算作业能否完全依照计划进行。因为结算作业在赛事结束前开始执行，所以很有可能帮上忙的志愿者较少，使结算工作负担落在少数组织成员身上。因此，应将结算作业项目排定优先级，让工作能够依照核查表平稳顺利且快速地进行。

三、体育赛事场地的恢复

体育赛事结束后一项重要的任务就是恢复场地，包括清洁场地、完成设施复原、物资运出等任务。体育赛事结束后观众都已回家，参与比赛的团队或参与者也得到了应得的奖赏，新闻记者也离开了媒体工作区。这时应安排相关工作人员处理赛后事宜，将体育场馆、观众席、媒体工作区等进行清理。身为体育赛事管理者必须规划赛后的清洁作业流程，并尽量让这项工作更有效率。

应由比赛场地设施管理、物流部门制订具体撤出方案，建立完整的收尾作业核查表，严格清查资产，确保赛后工作有序进行。应由场馆设施管理业务口组织临时设施拆除、场馆设施复原工作，赛后 15~30 天基本完成上述工作。应由物流业务口组织资产清查和物资运出，赛后 7~15 天基本完成上述工作。此段工作周期称为场馆移出期。赛后物资移出应按照场馆物流业务口制订的运出顺序进行。

四、体育赛事相关文书的档案归档

体育赛事从赛前计划筹备、赛中运行控制到赛后总结评估，经历的每个阶段都会产生应作为文书档案保存的各种纸质文件材料，随着科技的发展，形成了一些依托电子设备的文书档案。因此，在体育赛事文书档案整理过程中，应该遵循文书档案的形成规律，保持文书档案之间的联系性，以便区分不同性质的文书档案，便于保管和利用。

第二节　体育赛事的评估

一、体育赛事评估概述

（一）评估的概念

评估是指通过仔细的研究和评价以确定对象的意义、价值或状态的过程。评估是人类思考和认知过程中基本的要素之一。对某一事物进行评估的基本目的有2个：首先是对对象的价值或质量进行总体评价以便对其进行总结或为决策提供参考；其次是找出评估对象的问题，并给出解决方案。

（二）体育赛事评估的时间构成

体育赛事评估的时间构成包括“赛前”“赛中”“赛后”3个阶段。

赛前评估主要发生在项目的规划与策划阶段，目的在于评判项目的可行性。赛前阶段的评估是十分重要的，因为如果此阶段的研究不全面和不能令人信服，那么在接下来的决策过程中，在组织内部和外部环境中，由于存在许多未知因素，这些因素可能会产生负面影响。

从评估角度来看，把体育赛事预算目标和体育赛事要取得的目标（包括长期目标与短期目标）进行对照十分重要。这一过程通常是通过“成本—收益”分析实现的。

这些目标又可以通过一系列的指标和标准来衡量。为了和目标保持一致性，在计划过程中，这些指标对有效监控赛事活动有重要作用。例如，谢菲尔德赛事管理机构就制定了一套很清楚的标准，来对它每年举办的体育赛事（通常达到30~40场）活动目标进行监控。

赛中评估带有项目执行的“监控”或“跟踪”性质，具有“阶段性”和“持续性”特征，主要目的在于保证项目活动在正常轨道上进行。为了成功举办体育赛事，在体育赛事计划执行时需要持续不断地进行评估、反馈，以便各项工作和目标保持一致。在此阶段，体育赛事活动的方方面面都需要进行持续评估。根据不同的特点，需要采用定性分析和定量分析2种方法。体育赛事计划的执行需要强调一定的灵活性，连续监控机制不仅是一种有效的工具手段，还能把需要改进的地方及时反馈，使各项工作和既定目标保持一致。另外，这一过程还可以达到控制质量的目标。根据质量管理目标，进行持续监控能够实现对最终结果的控制。同时，体育赛事本身的运作也十分重要，因为在许多情况下，对输出结果的质量的要求都很严格。特别是体育赛事运行也要求采用各种评价指标和控制方法。

赛后评估是常用的评估形式，是项目结束后对整个项目的目标、执行过程、效益、作用和影响等进行系统和客观的分析总结，具有“总结性”特征。

后赛事阶段的评估并不是体育赛事结束后的一项简单回顾，而是对整个体育赛事进行全方位的、根据既定体育赛事目标而进行的评估。国外有学者甚至强调，体育赛事活动只有在评估和反馈工作完成后才能算结束，这可能花费较长时间。后赛事阶段的评估活动不仅可以对利益相关者（如客户权益维护组织、赞助商、运动员、雇员和供应商、合作伙伴、投资商、当地社区和反对组织等）产生价值，满足他们的需求，还有助于组织者把经验和教训用于未来的体育赛事活动。前者例如，政府注册登记机构要求提供财务报告来达到征税的目的，而投资人也要通过财务报告来考察其投资绩效，赞助商也可能要求对体育赛事活动是否成功举办进行评估。所以，确定评估报告首先提交给哪些重要利益相关者和发现哪些人需要这种报告是一项重要工作。后者最为典型的例子是“奥运会知识传播”计划。

后赛事阶段的评估从构成内容上看，可分为“实施效果（或效益）评估”和“实施影响”评估两大部分。前者是“内向”的，即体育赛事组织举办方对赛事自身的成本与收益进行评估。具体评估指标包括资金收益率、净现值、利润率等。相比之下，后者则是“外向”的，或者说，是对体育赛事的“外部性”带来的对举办地经济、社会文化及环境等方面影响的评价。

二、体育赛事评估的方法

体育赛事评估的方法很多，而不同的评估方法具有不同的适用范围、适用阶段、定性或定量手段、优点和缺点，选择评估方法需要考虑研究的目的和研究对象的特点。

（一）数据包络分析法（DEA）

数据包络分析法（DEA），是著名运筹学家查恩斯和科珀等学者以“相对效率”概念为基础，根据多指标投入和多指标产出对相同类型的单位进行相对效益评价的一种新的系统分析方法。

（二）人工神经网络评价法（ANN）

人工神经网络评价法（ANN）是模仿人类大脑神经网络功能的一种经验模型。其通过模仿人类大脑的神经工作原理，建立能够“学习”的模型，能够将经验性知识积累和充分利用，从而使求出的最佳值与实际值之间的误差最小化。

（三）灰色系统综合评价法

灰色系统理论是我国著名学者邓聚龙教授于1982年提出的。灰色系统是介于信息完全知道的白色系统和一无所知的黑色系统之间的中介系统。灰色系统理论是从信息的非完备性出发研究和处理复杂系统的理论，是通过对系统某一层面的已知资料的处理，达到在更高层次上了解系统内部变化趋势的方法体系。

（四）模糊综合评价法

模糊综合评价法前文已经介绍，在此主要介绍其具体步骤。

（1）建立评判集 U，设 $U=\{U_1, U_2, \cdots, U_m\}$ 为反映评价对象属性的 m 种因素（即评价指标），其中 m 代表评价指标的个数。设 $V=\{v_1, v_2, \cdots, v_n\}$ 为刻画每一因素（评价指标）所处状态的 n 种等级。其中 n 代表评语等级的个数，一般划分为3~5个等级。

（2）对于每一个因子，去描述其相对于评判集 U 的隶属程度，统计得出单因素模糊评判矩阵：

$$D_i=\left\{\begin{matrix} v_{i1} \\ v_{i2} \\ \cdots \\ v_{ik} \end{matrix}\right.\begin{pmatrix} S_{11}^i & S_{12}^i & \cdots & S_{1n}^i \\ S_{21}^i & S_{22}^i & \cdots & S_{2n}^i \\ \cdots & \cdots & \cdots & \cdots \\ S_{k1}^i & S_{k2}^i & \cdots & S_{kn}^i \end{pmatrix} \quad (i=1, 2, \cdots, m)$$

上面公式中 $S_1^i=(S_{11}^1, S_{12}^2, \cdots, S_n^i)$ 是第 i 个一级评估指标下的第 i 个二级评估指标对第 j 个评判等级的隶属程度，i 为一级评估指标的数目，k 为第 i 个一级评估指标下的二级评估指标的个数，n 为评判集合中评语的个数。

s_{ij}^i 根据以下几个步骤来计算：首先由参与的专家对指标层的每个指标评判其隶属程度，

然后通过计算获得相对于指标层指标 V_{ij} 的若干个评语，那么指标层指标 V_{ij} 对于第 u_k 级评语的隶属度为：

$$S_{ij}^{i}=\frac{V_{ijk}}{\sum_{k=1}^{n}V_{ijk}}=V_{ijk}\Big/(V_{ij1}+V_{ij2}+\cdots\cdots V_{ijn})$$

由此可以得出指标层指标 V_{ij} 的隶属度向量为：$S_{1}^{i}=(S_{11}^{1},S_{12}^{2},\cdots,S_{n}^{i})$。

（3）二级指标模糊综合评判的计算。

利用模糊算子确定模糊关系矩阵 $R=(R_1,R_2,R_3,\cdots,R_n)^T$

具体计算公式如下：

$$R_i=(W_1^i,W_2^i,\cdots,W_k^i)\begin{pmatrix}S_{11}^i & S_{12}^i & \cdots & S_{1n}^i\\ S_{21}^i & S_{22}^i & \cdots & S_{2n}^i\\ \cdots & \cdots & \cdots & \cdots\\ S_{k1}^i & S_{k2}^i & \cdots & S_{kn}^i\end{pmatrix}=(r_1^i,r_2^i,\cdots,r_n^i)$$

其中 $(W_1^i,\ W_2^i\cdots,\ W_k^i)$ 为第 i 个一级评估指标所属的二级评估指标的排序权重向量。

（4）一级指标模糊综合评判的计算。

确定被评价对象的最终评价结果，具体计算公式如下：

$$E=H*R=\begin{pmatrix}H_1\\ H_2\\ \cdots\\ H_m\end{pmatrix}^T\begin{bmatrix}r_{11} & r_{12} & \cdots & r_{1n}\\ r_{21} & r_{22} & \cdots & r_{2n}\\ \cdots & \cdots & \cdots & \cdots\\ r_{k1} & r_{k2} & \cdots & r_{kn}\end{bmatrix}=(e_1,e_2,\cdots,e_k,\cdots,e_n)$$

公式中（H_1，H_2，…，H_k）是一级评估指标的排序权重向量。

（5）根据最大隶属度原则，确定被评估的对象隶属的等级。

如果 $e_k=\max(e_1,e_2,\cdots,e_k,\cdots,e_n)$，即 e_k 为该向量的第 k 个分量，则根据模糊数学的最大隶属度原则，评价结果属于第 k 等级。

（6）如果评价主体的评价结果权重需要加以区分，那么需要将每个评价结果和各自权重相乘求和。具体计算公式如下：

$E'=(T_1,T_2,\cdots,T_k)\ (E_1,E_2,\cdots,E_p)^T$

其中 E_1，E_2，…，E_p 是 P 类人员综合评价结果组成的向量，而 T_1，T_2，…，T_k 是 P 类评价主体所占的权重。

三、体育赛事评估的原则

（一）整体性原则

体育赛事的整体性要求体育赛事需要与自然、社会、市场等因素相互配合，因此体育赛事具有多方运作配合才能成功的特点。体育赛事评估不能脱离外部环境进行，在评估中应将财务效益与经济、社会等方面有机结合，得出具有整体性的结论来客观反映体育赛事的状况。

单独地对体育赛事进行评估则有失客观性，不能全面、准确反映体育赛事的真实情况。

（二）客观性原则

客观性是指体育赛事评估需要遵循客观规律，讲求公正与科学，切不可带有主观随意性。评估人员应深入调查，积极获取材料，全面掌握赛事的信息。这些工作都是体育赛事评估客观性的基本要求，也是体育赛事评估的科学性保证。

（三）定性与定量相结合的原则

为保障体育赛事评估结果能够真实反映实际情况，应坚持定性与定量相结合的原则，不可以脱离数据得出评估结果，也不能只看到数据，忽略其他方面。体育赛事的评估结果需要综合定性和定量这 2 种方法，切不可抛弃其一。

（四）持续性原则

体育赛事评估应讲求持续性原则。有些体育赛事会定期举办，如连续对一个赛事进行评估，能够清楚地呈现出该项赛事的举办情况和发展轨迹，为体育赛事的持续健康发展提供参考依据。单独的体育赛事评估只能够体现出该项赛事在某时间点的影响，而持续性的评估则能为该项体育赛事提供纵向对比。

四、体育赛事评估的意义

体育赛事评估，能给体育赛事组织者专业的指导，使体育赛事组织者和经营者了解和掌握体育赛事各方面工作效果。体育赛事评估可以为体育赛事组织者和经营者提供一个有效评测方法，为其更好地组织和运营比赛提供依据。对于组织者，体育赛事评估是其选择赛事、确定赛事可行性以及规划赛事等方面的前提。对于赞助商，体育赛事评估的重要性体现在为赞助体育赛事提供了选择的依据。通过对体育赛事的评估，赞助商对于体育赛事能够有更深的了解。一份有分量的体育赛事评估报告，有利于体育赛事组织者和赞助商双方达成一致的意见，也为赞助商更为有效的营销活动提供支持。对于政府方面，体育赛事评估可以直观体现体育赛事对城市的影响力，体育赛事对于城市经济、环境、社会等方面的积极作用不再是模糊的，体育赛事评估在以上诸多方面都将提供翔实的数据，更确切地体现出体育赛事对城市发展的有力推动。体育赛事评估同时是重要的史实资料，每届赛事的评估都为将来的体育赛事提供了用来比较的范例，有利于体育赛事不断创新。

五、体育赛事评估的基本程序

（一）确定评估主体

体育赛事组织者需要根据自身的人力、财力与物力条件以及实际需要选择由谁来完成评估工作。常用的方式有 2 种：一种是体育赛事举办方（或组织机构内部的职能部门）组织专业人员进行评估，还有一种则是将评估工作委托给专业的评估机构或评估公司。后者是体育赛事管理工作适应市场化与商业化发展的结果。随着分工的越来越细和商业化程度的加深，目前已经有专门的评估公司进行商业性的评估工作。这种从第三方角度的评估论证能有效地避免过程上的主观性和结果上的偏颇，保证评估的客观与科学。专业的评估机构通常由资深的专家组成，他们凭借丰富的阅历、广泛的知识和高超的技能对赛事活动进行评估。

（二）评估的资金与时间预算

无论评估工作由哪类主体来完成，都需要一定的资金保障。如果由专门的公司来完成，服务的市场价格往往较高。为了提高评估结果的管理与社会价值，通常要求体育赛事的评估工作有较强的时效性。因此，需要进行合理的时间及进度安排。

（三）信息收集

这个过程耗时最长、花费最大，也最容易出现差错。信息收集之前，对工作人员的培训十分必要。这直接关系到数据的质量。信息通常包括数据与资料 2 个部分。数据是可以量化的，而资料通常是指需要做出主观判断分析的信息。

数据与资料的收集方法较常用的有调查访谈（获取第一手资料）和第二手资料收集，另外，必要的时候还可以召开专门会议。

用调查法收集数据，首先要确定样本范围（样本总体），再确定抽样方法并展开调查。要确定样本范围，评估人员首先要对体育赛事影响的空间地理范围有比较确切的了解。这里的“空间”不仅指实质性物理空间，也指社会文化空间。在这个基础上，再根据实际需要与资源条件确定样本量与抽样方法。

调查方法包括现场访谈、电话访谈、现场发放问卷、邮寄问卷、日记法等。各种调查方法都有其优、缺点。（表 10–1）

表 10–1　体育赛事评估的常用数据收集方法及其优、缺点比较

调查方法		优点	缺点
访谈法	现场访谈	反馈意见充分	费用高
		参与度高	耗费人力
		空答率高	估计误差
	电话访谈	反馈意见充分	费用高
		时间成本低	样本选择偏差
		效率高	记忆偏差与反应偏差
自答型问卷调查	现场发放问卷	节省人力	低回收率
		调查人员的主观引导少（偏差较小）	抽样偏差
	邮寄问卷	节省人力	低回收率
		调查人员的主观引导少（偏差较小）	抽样偏差
		抽样代表性强	记忆偏差与反应偏差
	日记法	最能准确地反应消费水平与消费结构	能坚持完成旅行日记的人较少
			低回收率

（四）数据整理与分析

这是整个评估工作的关键。收集到的数据与信息只是评估材料，任何一个独立的数据并不能说明问题，只有经过进一步的整理、分析与解读才具备评估价值。

（五）结果呈现与解读

评估结果需要以系统而完整的文字或电子文档的形式呈现，并形成最终的体育赛事评估报告。

复习思考题

1. 体育赛事收尾工作的主要内容是什么？
2. 体育赛事评估的方法有哪些？
3. 体育赛事评估的原则有哪些？
4. 体育赛事评估的意义是什么？
5. 体育赛事评估的基本程序有哪些？

参考文献

[1] 温阳，张林．协同学理论视阈下的赛事群演化的研究 [J]. 山东体育科技，2013，35(5)：4–9.

[2] 温阳，余方亮．从休闲体育财富角度探讨我国城市休闲体育发展 [J]. 南京体育学院学报，2010，24（5）：54–56.

[3] 丹纳．艺术哲学 [M]. 傅雷，译．北京：人民文学出版社，1988.

[4] SWADDLING J.The Ancient Olympic Games [M]. Austin: University of Texas Press，1984.

[5] 张井梅．古希腊奥林匹克运动会初探 [D]. 太原：山西大学，2005.

[6] 李兵，徐颂峰．体育赛事选择与确定环节的主要任务探析 [J]. 长沙大学学报，2017，31(5)：154–157.

[7] 范道津，陈伟珂．风险管理理论与工具 [M] 天津：天津大学出版社，2010.

[8] 刘清早．体育赛事运作管理手册 [M]. 北京：人民体育出版社，2009.

[9] 石岩．我国优势项目高水平运动员参赛风险的识别、评估与应对 [M]. 北京：北京体育大学出版社，2005.

[10] 王卓甫．工程项目风险管理——理论、方法与应用 [M]. 北京：中国水利水电出版社，2003.

[11] 刘钧．风险管理概论 [M]. 2 版．北京：清华大学出版社，2008.

[12] 黄海燕．体育赛事管理 [M]. 北京：人民体育出版社，2012.

[13] 李海，姚芹．体育赛事管理 [M]. 重庆：重庆大学出版社，2018.

[14] 温阳．大型体育赛事场馆运行风险识别与评估研究 [D]. 上海 : 上海体育学院，2012.

[15] 黄海燕，张林．体育赛事的基本理论研究——论体育赛事的历史沿革、定义、分类及特征 [J]. 武汉体育学院学报，2011，45（2）:22–27.

[16] 王茜，王家宏，崔李明．我国职业体育竞赛表演业消费市场高质量发展的内涵特征、问题及解决路径研究 [J]. 体育学研究，2021，35（6）:53–62.

[17] 田川颐，闫俊涛．依法治体：体育赛事安全合作监管模式研究 [J]. 北京体育大学学报，2021，44（10）:121–128.

[18] 刘蔚宇，黄海燕．新时代我国体育市场监管体系构建的质性研究 [J]. 体育科学，2021，41（9）:15–23.

[19] 朱洪军．我国体育赛事绿色发展路径研究 [J]. 西安体育学院学报，2021，38（5）:565–570.

[20] 赵明楠，张乐乐，史友宽．国际大型体育赛事公共卫生管理经验与启示 [J]. 体育文化导刊，2021（12）: 26–32, 39.

[21] 李海，盘劲呈，杨倩．大型体育赛事助推城市更新的内在逻辑、现实困境与策略选择——基于全运会举办城市视角 [J]. 西安体育学院学报，2021，38（5）:520–526.

[22] 纪宁，巫宁．体育赛事的经营与管理 [M]. 北京：电子工业出版社，2004.

[23] 史国生，邹国忠．体育竞赛组织与管理 [M]. 南京：南京师范大学出版社，2008.

[24] 张孝平．体育竞赛组织编排 [M].2 版．北京：北京体育大学出版社，2008.

[25] 李颖川．体育赛事经营管理 [M]. 北京：人民体育出版社，2008.

[26] 刘清早．体育赛事运作管理流程 [M]. 北京：人民体育出版社，2010.

[27] 刘清早．体育赛事运作管理 [M]. 北京：人民体育出版社，2006.

[28] 曹可强，刘清早．体育赛事运作 [M]. 北京：高等教育出版社，2015.

[29] 张春萍．体育赛事管理教程 [M]. 北京：经济管理出版社，2016.

[30] 樊智军．体育赛事的组织与管理 [M]. 北京：人民体育出版社，2007.

[31] 体育赛事管理编写组．体育赛事管理 [M]. 北京：北京体育大学出版社，2017.

[32] 陶卫宁．体育赛事策划与管理 [M]. 重庆：重庆大学出版社，2015.

[33] 梁华伟．体育赛事组织与管理 [M]. 上海：上海交通大学出版社，2019.